DECISÕES FINANCEIRAS
E ANÁLISE DE INVESTIMENTOS

CB043684

ALCEU SOUZA
ADEMIR CLEMENTE

DECISÕES FINANCEIRAS E ANÁLISE DE INVESTIMENTOS

Fundamentos, Técnicas e Aplicações

6ª Edição

SÃO PAULO
EDITORA ATLAS S.A. – 2015

© 1995 by Editora Atlas S.A.

1. ed. 1995; 2. ed. 1997; 3. ed. 1999; 4. ed. 2001;
5. ed. 2004; 6. ed. 2008; 8. reimpressão 2015

Capa: Marcio Henrique Medina
Composição: Lino-Jato Editoração Gráfica

Dados Internacionais de Catalogação na Publicação (CIP)
(Câmara Brasileira do Livro, SP, Brasil)

Souza, Alceu
 Decisões financeiras e análise de investimentos: fundamentos, técnicas e aplicações / Alceu Souza, Ademir Clemente. – 6. ed. – São Paulo : Atlas, 2008.

 Bibliografia.
 ISBN 978-85-224-5037-4

 1. Engenharia econômica 2. Investimentos – Análise 3. Investimentos – Brasil – 4. Matemática financeira I. Clemente, Ademir. II. Título.

95-2898   CDD-658-152

Índices para catálogo sistemático:

 1. Análise de desempenho: Investimentos: Administração financeira 658.152
 2. Investimentos: Análise financeira: Administração de empresas 658.152.

TODOS OS DIREITOS RESERVADOS – É proibida a reprodução total ou parcial, de qualquer forma ou por qualquer meio. A violação dos direitos de autor (Lei nº 9.610/98) é crime estabelecido pelo artigo 184 do Código Penal.

Depósito legal na Biblioteca Nacional conforme Lei nº 10.994, de 14 de dezembro de 2004.

Impresso no Brasil/*Printed in Brazil*

Editora Atlas S.A.
Rua Conselheiro Nébias, 1384 (Campos Elísios)
01203-904 São Paulo (SP)
Tel.: (011) 3357-9144
www.EditoraAtlas.com.br

Sumário

Sumário vii

Prefácio

Este livro apresenta, de forma sucinta, os conceitos e as técnicas utilizadas no processo de seleção de alternativas de investimentos. As justificativas para a produção de mais um texto sobre o assunto, cuja literatura já é bastante rica, são várias. A principal delas reside na necessidade de se atender a um público específico de cursos de pós-graduação *lato sensu* que esteja tendo o primeiro contato com disciplinas do tipo Engenharia Econômica, Análise de Investimentos, Decisões de Investimentos etc.

Dentro do objetivo proposto, foi produzido um texto enxuto e calcado em exemplos para atender a módulos de 45 a 60 horas-aula. Assim, o livro foi dividido em 11 capítulos. Os Capítulos 1 e 2 apresentam a empresa como o *locus* do crescimento do capital e, conseqüentemente, como o foro de discussão e de análise dos fatores que norteiam as decisões de investimentos. O Capítulo 3 retoma a matemática financeira como um instrumental básico para a geração dos indicadores que serão ponderados para a tomada de decisão. Nesse capítulo, a ênfase está em entender o processo de análise da mudança do valor do dinheiro no tempo e operacionalizar esses conceitos via uso de calculadoras financeiras. O Capítulo 4 apresenta os dois sistemas de amortização de dívidas mais utilizados, quais sejam: o Sistema PRICE e o Sistema SAC. O Capítulo 5 apresenta e analisa, através de um exemplo básico, os métodos mais conhecidos para a seleção de alternativas de investimentos. O Capítulo 6 trata da Projeção do Fluxo de Caixa. Neste capítulo, organizam-se as informações necessárias para a construção e projeção do fluxo de caixa de um projeto de investimentos. O Capítulo 7 apresenta a Metodologia Multiíndice. Nesta Metodologia argumenta-se que o uso conjunto de vários indicadores resulta em informações mais consistentes que o uso isolado de qualquer um deles ou de um subconjunto deles. Argumenta-se também que é necessário um aprofundamento da avaliação dos riscos, em vez de expressá-lo como um *spread* sobre a taxa de desconto. O Capítulo 8 amplia a dimensão da análise efetuada nos capítulos anteriores, ao considerar múltiplas alternativas de investimentos. Nesse capítulo, além de se trabalhar com projetos mutuamente exclusivos, passa-se a considerar os projetos independentes e projetos dependentes. O Capítulo 9 aborda o fenômeno incerteza e risco em projetos de investimentos. Finalmente, os Capítulos 10 e 11 objetivam aplicar os conceitos anteriores em problemas específicos de substituição de equipamentos.

Da forma como foi estruturado, este livro pode ser utilizado também em cursos de graduação de Administração, Economia e Engenharia de Produção.

Para contato: alceusouza@bsi.net.br
                ademirclemente@uol.com.br

Os Autores

1

A Empresa

Empresas são organizações que envolvem recursos humanos, materiais e financeiros, e que podem ser analisadas segundo diferentes pontos de vista.

Pode-se, por exemplo, considerar a empresa como entidade de natureza política, privilegiando-se a análise da luta pelo poder e das formas como este é exercido (isso já foi inclusive tema de novelas). A análise do processo decisório na empresa não pode prescindir desse tipo de consideração.

Pode-se, alternativamente, encarar a empresa como unidade sociocultural, destacando-se o contexto em que as pessoas interagem e a forma como isso influencia a sobrevivência e o crescimento da empresa. Desse ponto de vista, ganham destaque os valores, os símbolos, os códigos, os costumes e a tradição que caracterizam a empresa e lhe emprestam certa "personalidade".

Do ponto de vista da Administração, os enfoques podem ser diferenciados, mas todos consideram a empresa como uma organização que dispõe de um conjunto de recursos e busca atingir certo(s) objetivo(s). Nesse contexto, as atividades de planejamento e controle são privilegiadas.

Na Teoria Econômica, a empresa é vista como uma unidade produtiva, que transforma insumos em produtos, gerando, dessa forma, valor. A empresa, ao produzir bens e serviços demandados pelo mercado, obtém lucro para sobreviver e crescer, contribui para o bem-estar com sua produção e estimula outras atividades produtivas para a frente, através de seu produto, e para trás, através de suas compras de insumos.

Para o contabilista, a empresa é vista principalmente como uma unidade de contas, uma "azienda", pois procura mostrar a evolução do patrimônio em movimento. O patrimônio de qualquer empresa modifica-se a todo instante, devido às decisões de seus gestores, e a contabilidade provê os registros necessários (nas diversas contas) para que se possa acompanhar sua evolução.

Para os engenheiros, a empresa é uma unidade técnica que desenvolve determinado processo de transformação, sujeito aos princípios e leis da Física e da Química. Dessa forma, a empresa é vista como um conjunto de quantidades, coeficientes e parâmetros que envolvem fluxos materiais e energéticos, além de trabalho humano.

É importante ressaltar que há um aspecto comum a todas as possíveis visões que se pode ter de certa empresa: esta é sempre vista como uma unidade. Isso significa que, seja qual for a ênfase – política, econômica, administrativa, técnica, contábil ou sociocultural –, a empresa é sempre um conjunto integrado e interdependente, com objetivo(s) comum(ns). A integração e a interdependência podem ser mais harmônicas ou mais conflituosas, e no extremo poderia haver ruptura, mas a existência da empresa pressupõe sua unidade.

Para os objetivos da Análise de Investimentos, a empresa é considerada como uma entidade orientada para a acumulação de capital. A empresa é uma entidade de capital cujo objetivo é sua valorização.

1.1 Decisões

O objetivo de valorização da empresa é alcançado quando as decisões tomadas pela diretoria conduzem a um saldo líquido de ganhos. Essas decisões podem ser classificadas como mostra a Figura 1.

Níveis de Decisão	Objeto	Alcance Temporal
ESTRATÉGICA	Relações da empresa com o meio ambiente	Médio ou longo prazos
ADMINISTRATIVA	Organização (interna) da empresa	Médio ou longo prazos
OPERACIONAL	Processo de produção (ou de transformação)	Curto ou médio prazos

Fonte: Baseada em WOILER S. & MATHIAS, W. F. *Projetos*: planejamento, elaboração e análise. São Paulo: Atlas, 1992. p. 21.

Figura 1.1 *Níveis de decisão na empresa.*

As decisões de capital pertencem tipicamente ao nível estratégico, porque implicam mudança no relacionamento da empresa com seus clientes, fornecedores e concorrentes, com o sistema financeiro e com o governo. Essas decisões apresentam horizonte de médio ou longo prazos e, em geral, são irreversíveis. Isso significa que as decisões de capital:

a. envolvem grandes somas de recursos;

b. afetam a vida da empresa por grandes períodos de tempo;

c. são totalmente irreversíveis ou apresentam custos de reversibilidade muito elevados.

As decisões de capital, como se percebe, são simplesmente cruciais e podem tanto consolidar uma trajetória de expansão, quando oportunas e no tempo certo, quanto comprometer a própria sobrevivência da empresa. Por isso, é conveniente que tais decisões se baseiem, tanto quanto possível, em previsão e cálculo de todas suas implicações relevantes.

Não se pode esperar, entretanto, que os estudos, análises e avaliações relativos às decisões de capital eliminem o risco, isto é, a possibilidade de que os resultados previstos não se realizem. Em geral, como será mostrado, podem-se melhorar substancialmente o nível de informação e as condições de risco para a tomada de decisão, mas sempre haverá risco.

1.2 Acumulação e crescimento da empresa

Como visto anteriormente, a empresa é uma entidade de capital cujo objetivo é sua valorização. Esta, à primeira vista, decorre da capacidade de gerar lucros e de acumulá-los.

Na verdade, o conceito de capital, e em especial sua mensuração, é responsável por grandes divergências entre economistas célebres. Aqui, entretanto, pode-se considerar o capital (acumulado) de certa empresa como sendo seu valor de mercado, isto é, como o valor pelo qual poderia ser vendida. Esse conceito apresenta como principal inconveniente o fato de depender da conjuntura econômica, do ritmo dos negócios e das expectativas, mas isso é aceitável no presente contexto.

Suponha-se que o capital total investido em certa empresa em determinada época seja X_1 e que, decorrido certo tempo, o capital que pode ser recuperado seja X_2. Então, o capital (líquido) acumulado (ou desacumulado) no período é a diferença $(X_2 - X_1)$. De modo geral, espera-se que haja acumulação de capital e não desacumulação, mas esta até poderia ser aceita em condições anormais. Portanto, as empresas acumulam capital quando se valorizam em termos de mercado, e desacumulam quando perdem valor.

Qual a relação entre lucro e capital acumulado? O lucro obtido com o próprio negócio é normalmente a principal fonte de valorização do capital, mas nem todo lucro se transforma necessariamente em acumulação na empresa, como é evidente.

Sem maior preocupação com o rigor conceitual, por enquanto se denomina lucro distribuído o total de lucro não acumulado na empresa. Dessa forma, pode-se escrever:

$$L = LD + LA$$

onde L representa o lucro total gerado em certo período, LD, o lucro distribuído e LA, o lucro acumulado.

Com base no exposto, pode-se dizer que lucro, em sentido abrangente para incluir todas as formas de ganho, é a valorização do capital: o lucro obtido em certo intervalo de tempo é o valor total líquido que seria acrescido ao capital na ausência de retiradas por parte dos proprietários do capital. Portanto, do ponto de vista econômico-financeiro, o objetivo da firma é a obtenção de lucro *lato sensu*, precondição necessária à acumulação.

Entretanto, conforme já mencionado, a valorização da empresa pode ter outras origens além da acumulação de resultados positivos de suas atividades. Conclui-se, dessa forma, que o processo de acumulação de capital não pode ser pensado exclusivamente em termos de acumulação de resultados positivos. A valorização da empresa, a acumulação realizada, depende em grande escala de fatores de mercado, que tanto influenciam globalmente a economia como afetam de forma diferenciada ramos de negócios e empresas.

1.3 Lucro, depreciação e acumulação

Afirmou-se anteriormente que lucro é o valor líquido gerado por certa aplicação de capital em certo período de tempo. Diante disso, é necessário considerar que uma empresa, enquanto organização de capital, tem seu valor alterado ao longo do tempo principalmente em conseqüência de:

a. perda de valor dos equipamentos e instalações devido ao uso;

b. posição da empresa no mercado;

c. externalidades (economias e deseconomias externas);

d. conjuntura econômica.

A perda de valor devido ao uso é denominada depreciação econômica e não deveria ser confundida com a depreciação contábil, para fins de tributação, que é calculada com base em legislação específica. A depreciação econômica refere-se ao valor de mercado dos bens de capital. Se, por exemplo, um bem de capital foi adquirido por certa empresa há dois anos e hoje somente pode ser vendido por um valor equivalente à metade do que custou, a depreciação econômica terá sido 50%. Nesse caso, pouco importa que a legislação estabeleça depreciação em dez anos e que, portanto, apenas 20% do valor tenha sido depreciado para fins do Imposto de Renda.

Ao longo do tempo, as estratégias da empresa para melhorar sua posição no mercado podem alcançar maior ou menor sucesso, o que está diretamente relacionado a seu potencial de geração de lucros no futuro. Além disso, a permanência no mercado, em si, é fator de valorização importante em certos setores, principalmente na produção de equipamentos e máquinas, em que a tradição do produtor é fator relevante para a decisão de aquisição.

As externalidades, enquanto conjunto de mudanças no ambiente da empresa, também influenciam fortemente a valorização do capital empregado. Embora as externalidades possam ser negativas, causando desvalorização do capital, o caso mais geral é de externalidades positivas, como o desenvolvimento da região em que se localiza a empresa, elevação do nível de urbanização e aumento da integração industrial com outras empresas, por exemplo.

Além disso, como já mencionado, o ritmo dos negócios e as expectativas dos agentes econômicos podem influenciar fortemente o valor de mercado das empresas, principalmente no curto prazo.

Deixando-se de lado possíveis variações resultantes de alienação ou aporte de capital, pode-se escrever:

$$\Delta C_t = - D_t + L_t + E_t + V_t$$

onde D_t representa a depreciação econômica dos ativos de capital, L_t, os lucros acumulados, E_t, as economias externas e V_t, outras variações que afetam o valor de mercado do capital-empresa, tais como sua posição no mercado e fatores conjunturais.

Essa equação pode ser representada de forma mais conveniente como:

$$C_t = C_0 - \sum_t D_t + \sum_t E_t + \sum_t L_t + \sum_t V_t$$

ou ainda,

$$(C_t - C_0) = - \sum_t D_t + \sum_t L_t + \sum_t E_t + \sum_t V_t$$

Observa-se, pela equação anterior, que o crescimento do capital-empresa em certo período resulta da soma dos lucros acumulados, das economias externas e de outras variações, descontada a depreciação econômica acumulada.

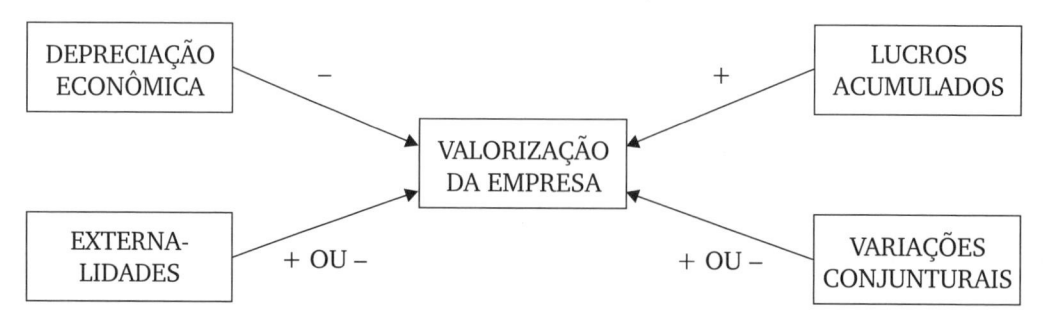

Figura 1.2 *Processo de valorização do capital-empresa.*

Agora, pode-se perceber com mais clareza o processo de acumulação de capital. Basicamente, para que o capital-empresa se valorize, é necessário que os itens sujeitos à depreciação desvalorizem-se a um ritmo inferior aos lucros acumulados, aos ganhos de economias externas e a variações decorrentes do mercado.

É importante observar, entretanto, que cada um desses componentes da valorização do capital-empresa apresenta trajetória própria ao longo do tempo, trajetórias que dependem, na quase totalidade, de fatores situados fora do controle ou do alcance da empresa. A conclusão a que se chega é que a acumulação de capital é um processo sujeito a risco. As trajetórias dos componentes da valorização sempre serão imprevisíveis em alguma medida.

1.4 Questões para revisão

1. Descreva uma empresa como uma entidade:
   - política;
   - sociocultural;
   - econômica;
   - administrativa;
   - contábil;
   - técnica.

2. Analise a seguinte estória:

   O Sr. José Saliba comprou uma loja, incluindo estoque e ponto, por US$ 100,000.00 há três anos. Nada retirou no primeiro ano; retirou US$ 10,000.00 no segundo ano e US$ 15,000.00 no terceiro ano. O valor da loja, hoje, é de US$ 130,000.00, devido a melhorias do ponto comercial e a aumento de estoques. Entretanto, o Sr. José Saliba está dizendo que teve prejuízo porque um primo, também há três anos, fez aplicação financeira de US$ 20,000.00 e tem hoje capital acumulado de US$ 35,000.00.

3. Quando os proprietários de uma empresa retiram todo ou quase todo o lucro período após período, muito provavelmente há desvalorização do capital-empresa. Explique.

4. Conceituar empresa como entidade de acumulação de capital ou entidade que objetiva lucros não é exatamente a mesma coisa. Explique.

5. Analise a seguinte estória:

Eloimar foi recentemente alçado à diretoria financeira da empresa de sua família, o que causou muitos ciúmes e... críticas. Uma de suas decisões mais criticadas foi a compra de um terreno na área nobre da cidade. Decorrido um ano, aproximadamente, observou-se que a valorização do terreno superou fortemente a rentabilidade da empresa.

2

A Decisão de Investir

A decisão de investir é de natureza complexa, porque muitos fatores, inclusive de ordem pessoal, entram em cena. Entretanto, é necessário que se desenvolva um modelo teórico mínimo para explicar e prever essas decisões. Deixa-se de lado, portanto, a pretensão de desenvolver um modelo completo para a decisão de investir.

A primeira idéia que surge é a de que a decisão de investir depende do retorno esperado: quanto maiores forem os ganhos futuros que podem ser obtidos de certo investimento, tanto mais atraente esse investimento parecerá para qualquer investidor. Isso é mostrado na Figura 2.1.

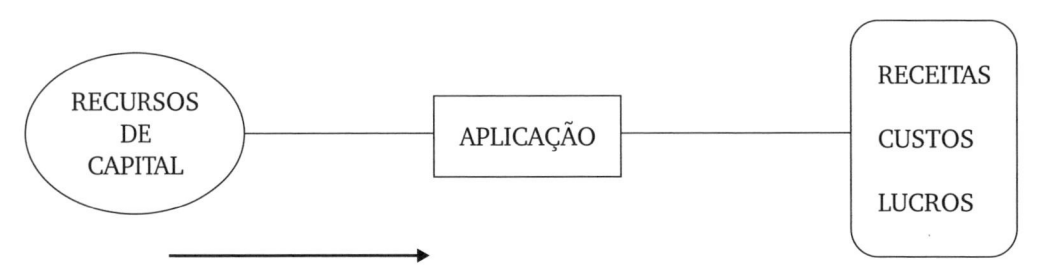

Figura 2.1 *A decisão de investir.*

Contudo, a essa altura, já se depara com uma questão muito importante: como avaliar os ganhos futuros de certa alternativa de investimento? Farão todos os investidores potenciais igual avaliação dos ganhos futuros de certo investimento? Essas perguntas levam a concluir que, estando os agentes econômicos inseridos de forma diferenciada no sistema (econômico), farão avaliações distintas de uma mesma oportunidade de investimento.

Mais importante do que isso, os ganhos futuros não são certos, embora, em alguns casos, como na aquisição de títulos da dívida pública, possam ser considerados quase certos. Então, temos dois fatores atuando em sentidos opostos: os retornos esperados do investimento que atraem o investidor e o risco que o afasta.

Como afirmado anteriormente, os ganhos futuros podem ser avaliados diferentemente por decisores distintos, mas é necessário adicionar que o risco de certa alternativa pode receber diferentes avaliações e que, sobretudo, os decisores assumem atitudes diferenciadas diante do risco.

A essa altura, é necessário tentar explicitar um pouco melhor a natureza do risco associado à decisão de investir. A primeira observação que deve ser feita é que quanto melhor for o nível de informação do decisor tanto menor será o nível de risco a que estará sujeito. No extremo, se fosse possível antever com segurança o futuro, a partir do conhecimento perfeito das forças que atuam nos ambientes interno e externo da firma (ou do projeto), a decisão de investimento seria tomada sem risco.

O projeto de investimento, em sentido amplo, pode ser interpretado como um esforço para elevar o nível de informação (conhecimento) a respeito de todas as implicações, tanto desejáveis quanto indesejáveis, para diminuir o nível de risco. Em outras palavras, o projeto de investimento é uma simulação da decisão de investir, como mostra a Figura 2.2.

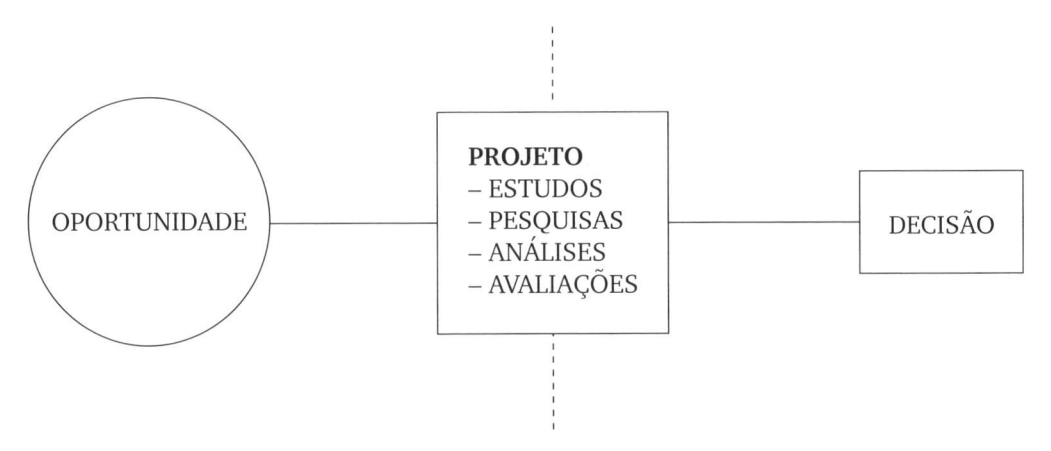

Figura 2.2 *Projeto de investimento.*

Quando se menciona risco de forma genérica, está-se, na verdade, utilizando linguagem pouco precisa, porque não se está fazendo distinção entre duas situações significativamente diferentes:

a. situação de risco – em que os eventos possíveis e suas probabilidades de ocorrência são conhecidos;

b. situação de incerteza – em que não se sabe quais são os eventos possíveis, ou não se conhecem suas probabilidades de virem a ocorrer.

Os projetos de investimento, geralmente, conseguem apenas melhorar a tomada de decisão, diminuindo o nível de incerteza. De qualquer forma, a avaliação da situação de risco, em si, constitui importante informação para a tomada de decisão.

2.1 Custo de oportunidade

O conceito de custo de oportunidade é geral e aplica-se não somente às decisões de investimento.

Considere-se, inicialmente, um contexto determinístico, sem risco. Admita-se que fosse possível ordenar todas as oportunidades relevantes de aplicação do capital disponível de acordo com alguma medida do ganho associado a cada uma delas. Sejam 1,2,..., n as oportunidades de investimento ordenadas de acordo com os ganhos e $g_1, g_2,..., g_n$ esses ganhos.

Se a decisão for a melhor possível, essa ordem será rigorosamente seguida, de forma que as k oportunidades contempladas serão as primeiras da ordenação, ou seja, as mais lucrativas. Nesse caso, não se pode falar de custo de oportunidade, ou pelo menos de custo de oportunidade positivo, uma vez que a última oportunidade escolhida apresenta ganho pelo menos igual ao da primeira não escolhida.

Entretanto, se por exemplo, a segunda oportunidade for selecionada sem que a primeira o seja, estar-se-á incorrendo em perda de oportunidade de obter maiores ganhos. Nesse caso, haverá custo de oportunidade positivo, equivalente à diferença entre os ganhos que deixam de ser obtidos e os que realmente o são.

A Figura 2.3 mostra uma situação hipotética em que quatro oportunidades de investimento estão ordenadas de acordo com os ganhos que é possível obter de cada uma. Se apenas uma das alternativas puder ser escolhida, o custo de oportunidade de cada uma é mostrado como a diferença entre seus ganhos e os ganhos da melhor escolha possível, a alternativa A.

Contudo, imaginar que se possa construir uma ordenação das oportunidades de investimento de forma segura significa fazer abstração da realidade. Já se mencionou que as oportunidades de investimento diferem entre si não apenas quanto aos ganhos associados, mas também quanto ao nível de risco que cada uma apresenta. E mais, que o termo genérico *risco* engloba situações absolutamente diferentes: situações em que o nível de conhecimento é suficiente para es-

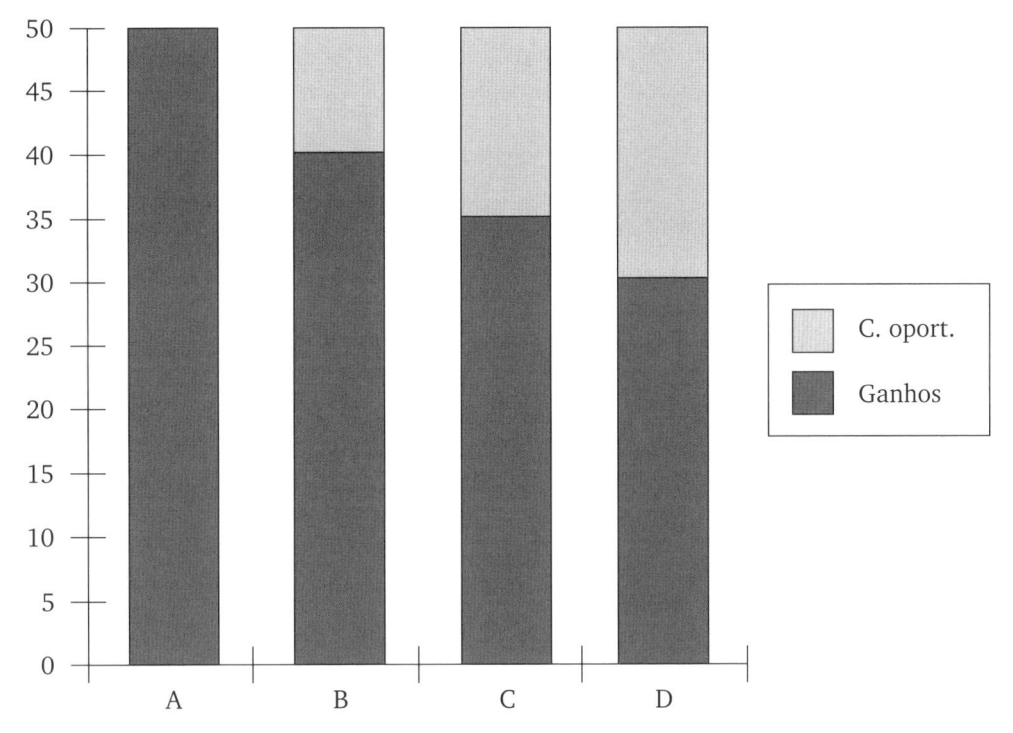

Figura 2.3 *Custo de oportunidade.*

tabelecer os resultados possíveis e suas probabilidades e situações em que essas probabilidades não são conhecidas, ou mesmo em que sequer os resultados possíveis são conhecidos.

Então, adicione-se à ordenação anterior o nível de risco (em termos genéricos) associado às oportunidades de investimento. Sejam r_1, r_2,..., r_n esses níveis de risco. Mantendo-se a ordenação segundo os ganhos g_1, g_2,..., g_n, certamente os níveis de risco não resultarão ordenados. Agora, a melhor alternativa é a que apresenta a melhor combinação de ganhos e risco. Como, então, determinar essa melhor alternativa se os decisores encaram o risco de forma diferenciada?

Convém observar, porém, que a ordenação anteriormente mencionada pode ser modificada. Isso pode ser feito através do desenvolvimento do projeto de investimento para cada oportunidade, ou de estudos, pesquisas, análises e avaliações adicionais, se o projeto já existe. O desenvolvimento e o aprimoramento do projeto visam primordialmente à diminuição do nível de incerteza, mas é possível que resultem em alteração dos ganhos estimados de cada oportunidade e mesmo em identificação de novas oportunidades, e que, portanto, dêem origem a uma nova ordenação das oportunidades.

Admita-se, inicialmente, que seja possível o aprimoramento máximo dos projetos de investimento. Esse é o caso analisado anteriormente, em que a escolha da combinação ótima de ganhos e risco dependerá de características pessoais do decisor. Denomina-se **aversão ao risco** a disposição do decisor de abrir mão de ganhos adicionais para não enfrentar maior nível de risco.

A curva mostrada na Figura 2.4 pode ser interpretada como representando combinações igualmente atraentes para certo investidor. Dessa forma, projetos de baixa rentabilidade podem ser tão atraentes quanto projetos com elevado retorno, desde que apresentem nível de risco nulo ou muito baixo. A curva da Figura 2.4 pode também ser interpretada como uma linha de fronteira que separa os projetos segundo sejam atraentes ou não. O subespaço dos projetos considerados atraentes é obviamente a região acima da curva. A taxa de retorno correspondente ao nível de risco igual a zero é usualmente referida como "taxa de juro (ou de desconto) pura".

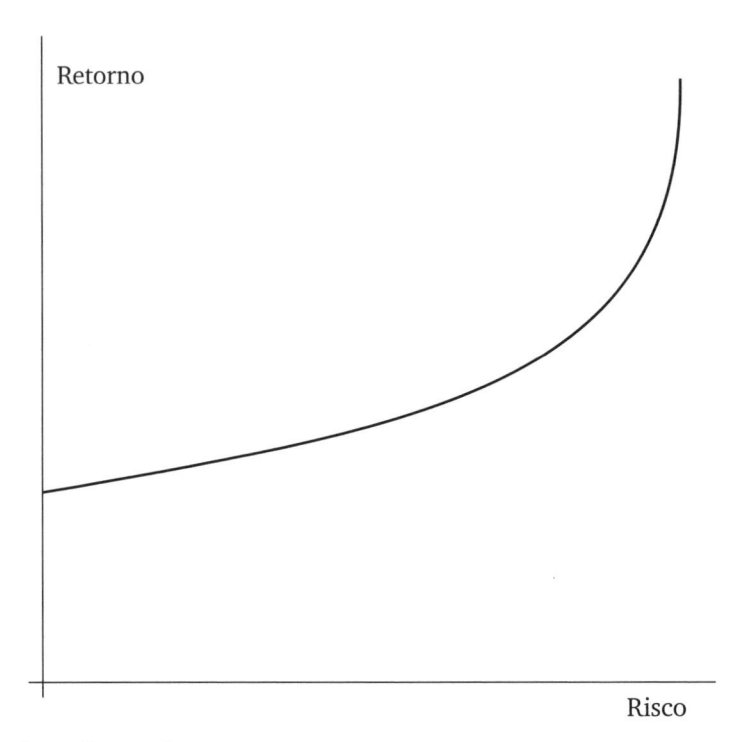

Figura 2.4 *Aversão ao risco.*

A situação real enfrentada pelo decisor, entretanto, é mais complexa. Convém lembrar que o desenvolvimento e o aprimoramento de projetos envolvem despesas e demandam tempo.

Com relação aos recursos alocados para o desenvolvimento ou o aprimoramento de projetos, pode-se pensar, teoricamente, em otimização na margem, segundo o raciocínio: as atividades de busca de informação devem prosseguir até o ponto em que o custo marginal da busca igualar o ganho que se espera obter com o uso da informação. É evidente, entretanto, que não há forma imediata de medir essas variáveis e que essa regra não pode ser traduzida em procedimento prático, a não ser de forma grosseiramente aproximada.

Ainda, há de se acrescentar que a busca de informação para o desenvolvimento e o aprimoramento de certo projeto de investimento demanda tempo. Se os recursos de capital disponíveis para investimento não puderem ser aplicados a curto prazo, ou, mesmo podendo, não for possível obter com esse tipo de aplicação a remuneração mínima desejada, o tempo, por si, representará perda.

Entretanto, a maior perda pode não ser essa, uma vez que, enquanto se elaboram atividades de desenvolvimento e aprimoramento do projeto de investimento, podem ocorrer mudanças no ambiente de atuação da empresa, incluindo regulamentação, atuação de concorrentes e descobertas tecnológicas. Essas mudanças podem inviabilizar totalmente o investimento ou significar substancial diminuição dos ganhos inicialmente projetados, mas também podem tornar evidente que o projeto não obteria êxito.

Pode-se concluir, então, que a própria busca de diminuição dos riscos, através do desenvolvimento ou aprimoramento de projetos de investimento, apresenta riscos não desprezíveis.

2.2 O horizonte de planejamento

A essa altura já está clara a natureza da decisão de investimento. Em geral, essa decisão envolve imobilização de apreciáveis quantidades de capital em ativos reais de pouca ou nenhuma liquidez, por períodos de tempo relativamente longos.

Os métodos de avaliação das oportunidades de investimento, como é lógico, baseiam-se na comparação da magnitude do investimento, ou seja, do dispêndio de capital, com os ganhos líquidos esperados durante certo período de tempo, denominado horizonte de planejamento.

Os projetos, por sua natureza, diferem muito quanto à vida estimada. Projetos como de hidreletricidade e de ferrovias costumam ter vidas estimadas superiores a 50 anos. Isso quer dizer que para avaliar tais projetos é necessário prever os custos e receitas relevantes para as próximas cinco décadas ou mais. Isso parece muito problemático, pois estimar custos e receitas para daqui a cinqüenta anos parece uma tarefa totalmente impossível. Entretanto, se é verdade que quanto mais adiante no tempo se buscam estimar custos e receitas, mais imprecisas serão as estimativas, é também verdade que quanto mais distantes no tempo estiverem tais custos e receitas, menores serão seus impactos sobre a avaliação que se faz hoje da oportunidade de investimento. Observe-se facilmente isso quando se examina o valor atual de uma receita ou de um desembolso futuro:

$$VA = \frac{VF}{(1 + r)^n}$$

onde *VA* representa o valor atual, *VF*, o valor futuro, *r*, a taxa de juro e *n*, o número de períodos de tempo.

Por outro lado, as empresas também se diferenciam substancialmente umas das outras quanto às políticas de investimento. Essas diferenças surgem em decorrência dos ramos em que atuam, de fatores ligados à história de cada empresa, da forma como cada empresa está constituída, dos padrões de administração adotados e, sobretudo, da capacidade financeira e das estratégias de médio e longo prazos.

Pode-se concluir, então, que a decisão quanto ao horizonte de planejamento é influenciada tanto por fatores ligados à natureza dos projetos de investimento, quanto por fatores relacionados a características das empresas. A mesma empresa pode admitir horizonte de planejamento diferente do usual para certo projeto, assim como projetos idênticos podem ser analisados sob horizontes de planejamento diferentes, por empresas distintas.

De modo geral, o horizonte de planejamento será tanto mais curto quanto menor for a vida útil dos ativos fixos envolvidos e quanto menor for a capacidade financeira da empresa. Essa segunda conclusão deve-se ao fato de as empresas que dependem em grande escala de capital de terceiros estarem sujeitas à maior margem de risco e, por isso, tenderem a emprestar menor importância aos ganhos potenciais que se distanciam no tempo. Essas empresas, pequenas e médias em sua maioria, tendem também a ser mais suscetíveis a mudanças na conjuntura econômica, encurtando drasticamente seu horizonte de planejamento em situações de turbulência e alto risco.

Mas, além disso, foi mostrado anteriormente que os ganhos futuros influenciam menos a decisão de investir, tanto à medida que se distanciam no tempo, como à medida que se eleva a taxa de juros à qual são descontados. Essa taxa de juros é a taxa mínima de retorno, ou taxa mínima de atratividade.

2.3 Taxa mínima de retorno

A taxa mínima de retorno é a taxa de desvalorização imposta a qualquer ganho futuro por não estar disponível imediatamente. Sua importância não pode ser exagerada, pois é evidente que a mesma oportunidade de investimento, avaliada sob certo horizonte de planejamento, pode mostrar-se viável ou inviável dependendo da taxa mínima de retorno à qual são descontados os ganhos futuros líquidos.

Isso deixa claro que é preciso muito cuidado na escolha da taxa mínima de retorno. Nesse caso, também entram em consideração vários fatores que são analisados a seguir.

A primeira idéia é que a taxa mínima de retorno utilizada na avaliação de certo projeto deve ser tanto maior quanto maior for o risco envolvido. Isso, ainda que intuitivamente correto, é metodologicamente indesejável, pois o que deveria ser cotejado com os níveis de risco envolvidos são os valores presentes obtidos com base em certa taxa mínima de retorno ou a taxa (interna) de retorno.

Outra idéia que pode surgir é que a taxa mínima de retorno deveria ser inversamente relacionada com o tempo de maturação do investimento. Essa idéia também é inadequada, porque a distribuição dos ganhos no tempo é levada em conta através do expoente do denominador, no cálculo do valor presente.

Então, como é estabelecida a taxa mínima de retorno? Na verdade, a resposta é simples. A taxa mínima de retorno deve representar o custo de oportunidade do capital para a empresa. Diante disso, percebemos que o horizonte de planejamento influencia indiretamente a taxa mínima de retorno, à medida que as empresas que possuem estratégias de médio e longo prazos a serem observadas estarão menos suscetíveis às flutuações de curto prazo do mercado financeiro. Ou seja, o custo de oportunidade do capital tende a ser estável para empresas com planejamento de longo prazo, enquanto tende a flutuar de acordo com o mercado financeiro na ausência de planejamento de longo prazo.

Pode-se concluir que a taxa mínima de retorno é a taxa de juros que deixa de ser obtida na melhor aplicação alternativa quando há emprego de capital próprio, ou é a menor taxa de juros que tem de ser paga quando recursos de terceiros são aplicados.

Pequenas empresas, com pequeno aporte de capital, não conseguem tornar efetivo um largo horizonte de planejamento; dependem mais estreitamente do mercado financeiro e, portanto, têm taxa mínima de retorno estabelecida preponderantemente por fatores externos, entre os quais se destaca a conjuntura do mercado financeiro. Por outro lado, grandes empresas, financeiramente sólidas e com grande capacidade de autofinanciamento, podem estabelecer metas de longo prazo de ganhos sobre o capital investido, constituindo o que se denomina taxa mínima de juro própria. Nesse caso, são principalmente fatores internos, à própria empresa que determinam a taxa mínima de retorno.

A Figura 2.5 ilustra as considerações anteriores. Se o volume de investimento planejado por certa empresa não ultrapassar o limite de sua capacidade de autofinanciamento, região A, a taxa mínima de retorno deverá ser superior à taxa de emprestar, que é o custo de oportunidade do capital, cabendo à empresa amplo leque de escolha. Se a empresa se situa na região B, porque não consegue autofinanciar o volume de investimentos planejado, então a taxa mínima de atratividade também deverá ser limitada pela taxa de emprestar, mas não poderá ser superior à taxa de tomar emprestado, porque isso restringiria automaticamente o volume de investimentos à sua capacidade de autofinanciamento. Finalmente, a região C representa situação insustentável, porque o volume de investimentos planejado excede de tal forma a capacidade de financiamento que o custo do capital se torna proibitivo. Como conseqüência, a empresa terá de restringir seus investimentos ao volume correspondente à taxa de emprestar.

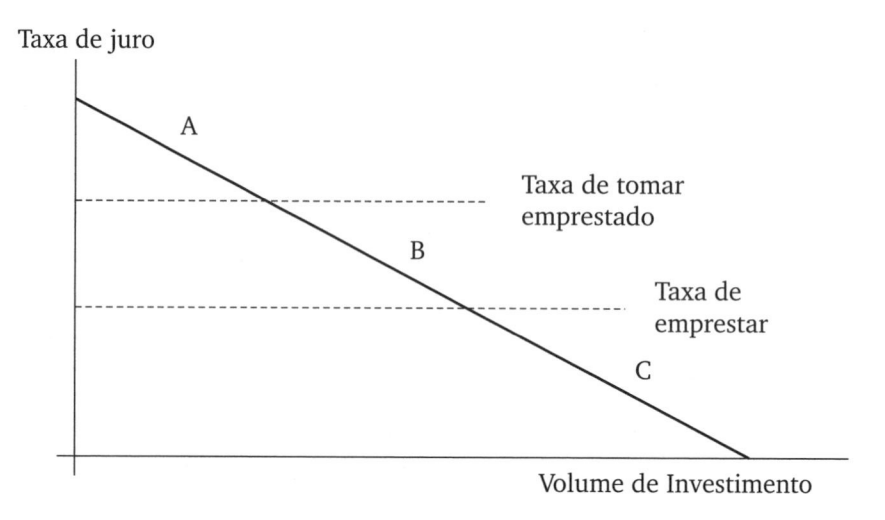

Figura 2.5 *Taxa mínima de atratividade.*

É preciso, entretanto, observar que novamente o nível de informação desempenha papel central. Variações no nível de conhecimento tanto do ambiente externo, incluindo possíveis fontes de financiamento e suas condições de acesso, prazos e custos, quanto do ambiente interno da empresa, ou seja, da situação financeira atual e futura, geralmente implicam variações na taxa mínima de retorno.

2.4 O esquema keynesiano

John Maynard KEYNES, na década de 30, publicou sua *Teoria geral do emprego, do juro e da moeda*, que inaugurou nova fase do pensamento econômico. Para esse autor, o investimento é o motor da economia, cabendo-lhe o papel de mover a economia na direção do crescimento.

Em termos agregados, se se admitir subemprego da mão-de-obra e dos recursos naturais disponíveis, o crescimento da renda e do emprego dependerá exclusivamente do aumento da capacidade produtiva instalada. Isso pode ser facilmente observado na Figura 2.6. Ao final de cada período de tempo, o estoque inicial de bens de produção perdeu parte de sua capacidade de produzir. Admita-se que essa perda de capacidade produtiva dos bens de capital (depreciação econômica) seja avaliada como 100 unidades monetárias.

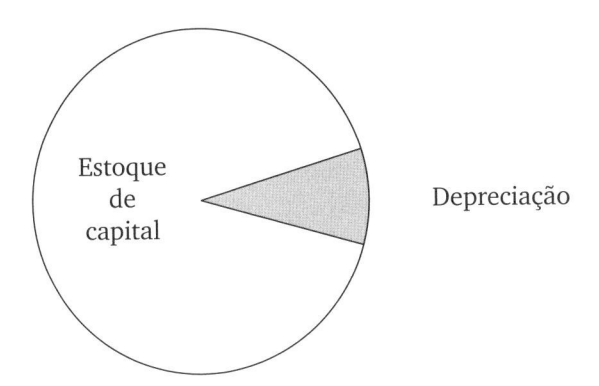

Figura 2.6 *Investimento e depreciação*.

Se, no mesmo período de tempo, as despesas totais de investimento alcançarem somente 80 unidades monetárias, haverá tendência para decrescer a capacidade produtiva, mas se essas despesas atingiram 130 unidades monetárias, ao contrário, a capacidade produtiva terá aumentado.

Em resumo, é necessário que o investimento bruto em capital fixo seja superior ao montante de depreciação para haver expansão da economia.

Quando se deduz das despesas totais de investimento realizadas em certo período, o montante estimado de depreciação, obtém-se o investimento líquido, que pode ser positivo ou negativo, como mostrado anteriormente. Para que a economia cresça, é necessário que esse investimento líquido seja positivo.

O que ocorre na economia quando os empresários decidem despender uma unidade monetária adicional em bens de capital? Duas coisas: primeiro, essa unidade monetária desencadeia uma série de impactos sobre o nível de renda ao longo do tempo, uma vez que aumentos de renda se transformam parcialmente em aumentos de consumo, que representam novos aumentos de renda. Esse mecanismo é conhecido como Multiplicador. Segundo, quando o nível de renda está em expansão, os lucros das empresas também crescem e os empresários se sentem motivados a realizar novas despesas de investimento, constituindo o denominado efeito Acelerador.

Com base nas idéias de KEYNES, surgiram, a partir da década de 40, vários modelos teóricos de crescimento da economia, entre os quais os mais conhecidos são os de HARROD e de DOMAR. Esses modelos, como não poderia deixar de ser, atribuem papel central às despesas de investimento. Entretanto, como as explicações para essa variável estão longe de ser totalmente satisfatórias, a elegância dos modelos de crescimento não melhora muito suas capacidades de explicação e de previsão.

2.5 Cenário macroeconômico

É preciso salientar que a Teoria Keynesiana do Investimento empresta grande importância ao ambiente político e econômico na forma de expectativas dos empresários. Essas expectativas são influenciadas, de modo geral, pela política econômica e pela conjuntura.

Quanto à política econômica, é desnecessário enfatizar a importância das políticas monetária, creditícia, fiscal, salarial e de comércio exterior. As decisões governamentais nessas áreas afetam tanto direta quanto indiretamente os resultados econômicos das empresas. As relações entre a política econômica e as decisões no mundo dos negócios estão longe de ser simples. Os formuladores da política econômica gostariam que os empresários fossem menos imediatistas e mais crédulos, enquanto os empresários gostariam que os formuladores fossem menos ávidos na cobrança de impostos e que jamais utilizassem seu poder de estabelecer regras, que são consideradas "artificiais".

Diante disso, é evidente que possíveis mudanças na política econômica criam fortes expectativas no empresariado. Deve-se, então, lembrar das considerações sobre risco e incerteza e considerar que tais mudanças, na verdade, implicam grande aumento do nível de incerteza e, por isso, apresentam-se como um poderoso freio sobre as despesas de investimento.

Outro componente fundamental do cenário macroeconômico é a conjuntura dos negócios. Uma análise criteriosa deveria começar por considerar a situação da economia mundial, seu comportamento nos últimos anos e as principais tendências. Em seguida, dever-se-ia passar a analisar a conjuntura nacional e regional, levantando as séries históricas relevantes e tentando identificar as principais tendências. Essa análise pode tanto comprovar hipóteses iniciais de viabilidade de certo investimento quanto mostrar o contrário.

Observou-se anteriormente que a viabilidade dos projetos de investimento é avaliada tendo-se em vista certo período de tempo, denominado horizonte de planejamento. Portanto, tem-se de admitir que é necessário prever a forma e a extensão das influências que as possíveis mudanças no cenário macroeconômico podem exercer sobre os custos e as receitas no horizonte de planejamento.

Essa tarefa, entretanto, pode ser virtualmente impossível em um cenário de grande instabilidade. Se, por exemplo, a taxa de inflação for elevada, os preços relativos tendem a variar muito e dificilmente podem ser feitas estimativas satisfatórias sobre os preços reais dos insumos, sobre o valor real das tarifas públicas e sobre o comportamento dos concorrentes. Dessa forma, o denominado cálculo econômico torna-se praticamente inviável e o nível de investimento declina, trazendo recessão como conseqüência e certamente agravando o quadro de instabilidade. Isso constitui o denominado "círculo vicioso" da recessão. Ao contrário, se os preços e as regras que afetam os lucros das empresas estiverem estáveis, os empresários estarão dispostos a realizar despesas de investimento, provocando expansão da renda e dos lucros e estimulando novos investimentos. É o denominado "círculo virtuoso" do crescimento.

2.6 Questões para revisão

1. Conceitue projeto de investimento.

2. Discuta a afirmação: "Alguns empresários podem prescindir de projetos para seus investimentos porque têm larga experiência e/ou porque têm boa intuição."

3. De que forma o nível de informação pode alterar o custo de oportunidade do capital?

4. Uma vez que o tempo necessário e o custo tornam proibitivo desenvolver projetos detalhados para todas as oportunidades possíveis de alocação do capital, sugira uma metodologia simples de "filtragem" sucessiva.

5. Que fatores devem ser considerados para o estabelecimento do horizonte de planejamento?

6. Por que é uma coincidência feliz o fato de, em geral, se poderem fazer estimativas mais acuradas para o futuro próximo do que para o futuro remoto?

7. O que é taxa mínima de retorno e como é estabelecida?

8. De acordo com a Teoria Keynesiana, quais os efeitos das despesas de investimento sobre o nível de renda, de emprego e de lucros?

9. De que forma o cenário econômico interfere na avaliação de projetos de investimento?

10. Discuta a afirmação: "Os empresários fazem acontecer o que acreditam que irá acontecer, por isso, o governo nunca deveria deixá-los mal-humorados."

3

Fundamentos de Matemática Financeira

Devido ao longo período de tempo em que a sociedade brasileira tem convivido com a inflação, nada é mais óbvio do que a preferência pela liquidez. Se um cidadão, por mais leigo que seja em teoria econômica, for questionado sobre sua preferência em ter disponível, hoje, uma certa quantia em dinheiro ou deixá-la imobilizada por mais algum tempo, sem nenhuma remuneração adicional, com certeza, ele preferirá ter seu capital disponível hoje. Isso decorre do conhecimento que se tem sobre a perda do poder aquisitivo da moeda. Em economias inflacionárias é sabido que, com a mesma quantia de dinheiro, pode-se comprar mais hoje do que em uma data futura.

Agora, apenas para reflexão, suponha uma sociedade onde não exista inflação, ou seja, os preços dos bens e serviços se mantenham aproximadamente constantes ao longo do tempo. Qual seria a preferência entre dispor de certa quantia imediatamente ou em uma data futura? Aparentemente, se for um excedente monetário (poupança), deveria haver uma indiferença entre ter a disponibilidade do dinheiro hoje ou em uma data futura, dado que, qualquer que seja a época, poder-se-ia comprar a mesma quantidade de bens e serviços. Contudo, na prática, não é isso o que se observa. Mesmo em economias sem inflação, a preferência pela liquidez persiste.

Keynes [1977, p. 194-196] identificou três razões pelas quais as pessoas mantêm preferência pela liquidez: transação, precaução e especulação. Assim, para que um proprietário de capital abra mão de sua disponibilidade de capital ele precisa ser convencido a fazê-lo. Existem diversas maneiras de convencê-lo a imobilizar o seu capital em algum empreendimento por certo período de tempo.

A forma mais antiga e também a mais usada até os dias de hoje é acenar para o proprietário de capital (investidor em potencial) com uma promessa atrativa de pagamento futuro. Essa promessa deve reconstituir, em termos de poder de compra, o capital imobilizado e proporcionar algum ganho pelo fato de se abrir mão da liquidez do capital por um dado período. A remuneração paga pela imobilização do capital por um dado período de tempo denomina-se juro.

Para o tomador de recursos financeiros, os juros representam os custos da imobilização do capital num dado período. Os juros são expressos por uma taxa que incide sobre o valor imobilizado por período de tempo. Dessa forma, a taxa de juros pode ser vista como a remuneração de uma unidade de capital imobilizada ao longo de uma unidade de tempo.

O problema remanescente é o de qual deve ser o valor da taxa de juro. O que o investidor deveria ponderar ao estabelecer o ganho que deseja pela imobilização de seu capital? Parece óbvio que esse ganho deva estar associado com o grau de certeza de seu recebimento e com o período de imobilização. Dado que uma promessa atrativa de pagamento no futuro não significa certeza absoluta de recebimento, o investidor procura compensar essa incerteza exigindo um ganho maior. Portanto, espera-se que quando o investidor abre mão da liquidez do capital por um dado período de tempo, dentre outras coisas, leve em conta suas expectativas de ganhos e os riscos associados.

Existe sempre um dilema entre um dado valor monetário hoje e um dado valor monetário no futuro. A análise desse dilema (Figura 3.1) é a essência da matemática financeira.

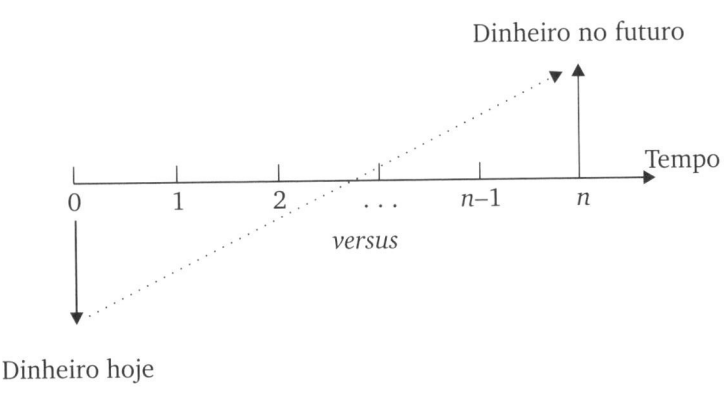

Figura 3.1 *Discussão clássica da matemática financeira.*

Mesmo em economias não inflacionárias, os agentes econômicos percebem que o dinheiro muda de valor no tempo. Como conseqüência desse comportamento, as sociedades assimilaram o conceito de juro e desenvolveram mercados baseados no binômio disponibilidade imediata *versus* expectativa de ganhos futuros. A Matemática Financeira constitui o ramo da Matemática que estuda a mudança do valor do dinheiro no tempo tendo por base certa taxa de juro. O estudo das formas como valores monetários de hoje se relacionam com valores monetários futuros é o objeto principal desse ramo da Matemática.

O estudo da Matemática Financeira fica facilitado ao se reduzir o dilema (dinheiro hoje *versus* dinheiro no futuro) para apenas três configurações básicas. As figuras a seguir ilustram essas configurações básicas.

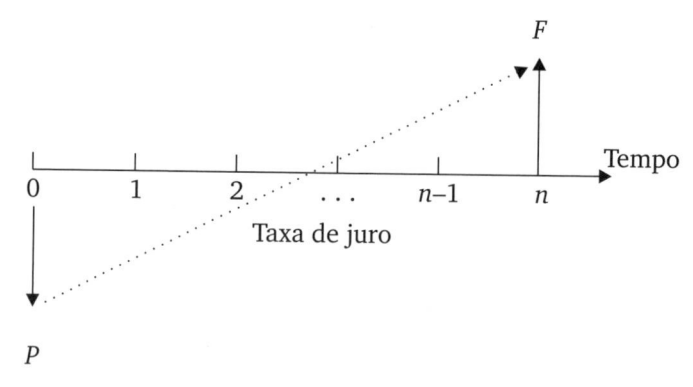

Figura 3.2 *Um único valor no presente* (P) versus *um único valor no futuro* (F).

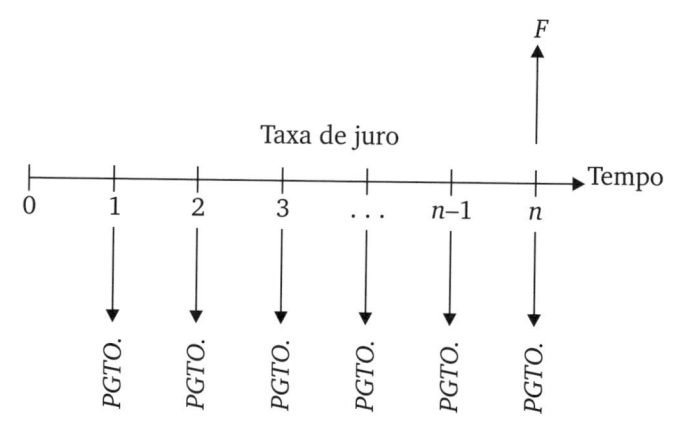

Figura 3.3 *Uma série uniforme de pagamento* (PGTO) *e um único valor no futuro* (F).

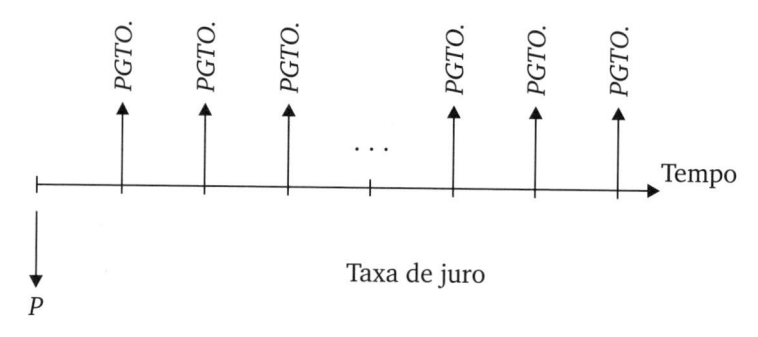

Figura 3.4 *Série uniforme de pagamentos* (PGTO) *e um único valor no presente* (P).

Em cada uma das configurações apresentadas existem quatro elementos envolvidos. Se três desses elementos forem conhecidos, o problema estará resolvido. Por exemplo, na configuração 1 (Figura 3.2) estão envolvidos valor presente (*P* ou *VP*); taxa de juro (TAXA ou *i*), tempo (NPER ou *n*) e valor futuro (*VF* ou *F*) enquanto na configuração 2 (Figuras 3.2 e 3.3) estão envolvidos Valor da parcela (PGTO ou *PMT*); número de parcelas iguais (NPER ou *n*); taxa de juro (TAXA ou *i*) e valor futuro (*VF* ou *F*).

Qualquer outra situação encontrada em problemas de matemática financeira pode ser vista como uma combinação dessas três configurações básicas.

3.1 Formas de remuneração do capital

A remuneração do capital é calculada como uma taxa sobre o valor emprestado ou aplicado, por período de tempo. Se for considerado um único período de tempo, o juro sempre será calculado pela seguinte fórmula:

$$\text{Juro} = \text{Taxa} * \text{Base}$$

Onde a base representa o capital inicialmente negociado. Se a transação envolver a imobilização do capital por mais de um período, então resultam duas possibilidades para a acumulação do capital: a base permanece constante ou a base é atualizada a cada período.

3.1.1 Juros simples

Se a taxa de juros (*i*) for constante e incidir apenas sobre o capital aplicado (*P*), então o juro por período (*J*) será também constante e igual a *iP*, isto é:

$$\text{Juro Simples} = \text{Taxa} * \text{Base Constante}$$
$$\text{ou}$$
$$J = i\% * P$$

Para um capital *P* aplicado a uma taxa de juros *i* durante *N* períodos de tempo, sob o regime de juros simples e valor de resgate *F*, o desenvolvimento da fórmula básica pode ser assim demonstrado:

Período	Juros	Valor Futuro
1	$i\% * P$	$F_1 = P + i\% * P = P(1 + 1 * i\%)$
2	$i\% * P$	$F_2 = F_1 + i\% * P = P(1 + 2 * i\%)$
3	$i\% * P$	$F_3 = F_2 + i\% * P = P(1 + 3 * i\%)$
...	...	...
N	$i\% * P$	$F_N = F_{N-1} + i\% * P = P(1 + N * i\%)$

Assim, no regime de juros simples, a fórmula básica que relaciona dois valores monetários posicionados em pontos diferentes no tempo será dada por

$$F_n = P(1 + N \cdot i)$$

Exemplo

Qual o valor de resgate de um capital de $ 1.000, aplicando a uma taxa de 5% ao mês sob o regime de juros simples, após 12 meses de aplicação?

Esquematização do problema

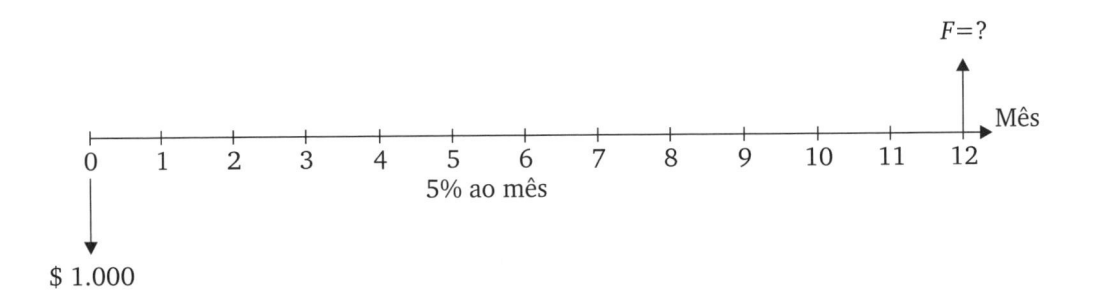

$ 1.000

Solução do problema

$$
\begin{aligned}
F_n &= P* (1 + n * i\%) \\
\therefore \quad F_{12} &= \$ 1.000 * (1 + 12 * 0{,}05) \\
\therefore \quad F_{12} &= \$ 1.600
\end{aligned}
$$

Demonstrativo da evolução do juro e do capital

Período	Juro	Juro Acumulado	Montante	Período	Juro	Juro Acumulado	Montante
0			$ 1.000	7	$ 50	$ 350	$ 1.350
1	$ 50	$ 50	$ 1.050	8	$ 50	$ 400	$ 1.400
2	$ 50	$ 100	$ 1.100	9	$ 50	$ 450	$ 1.450
3	$ 50	$ 150	$ 1.150	10	$ 50	$ 500	$ 1.500
4	$ 50	$ 200	$ 1.200	11	$ 50	$ 550	$ 1.550
5	$ 50	$ 250	$ 1.250	12	$ 50	$ 600	$ 1.600
6	$ 50	$ 300	$ 1.300				

Representação gráfica do crescimento do capital

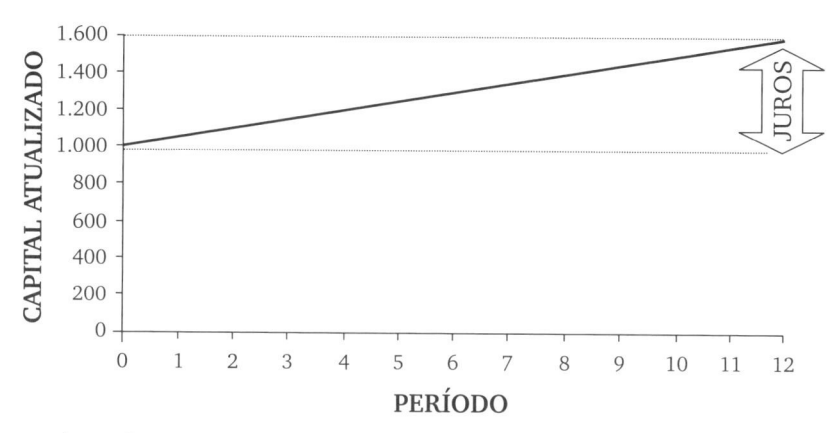

No regime de juros simples, a fórmula básica, anteriormente desenvolvida, que relaciona dois valores monetários posicionados em pontos diferentes no tempo, pode ser modificada para recalcular qualquer dos quatro elementos desde que sejam conhecidos os outros três. A Figura 3.5 apresenta possíveis variações da fórmula básica.

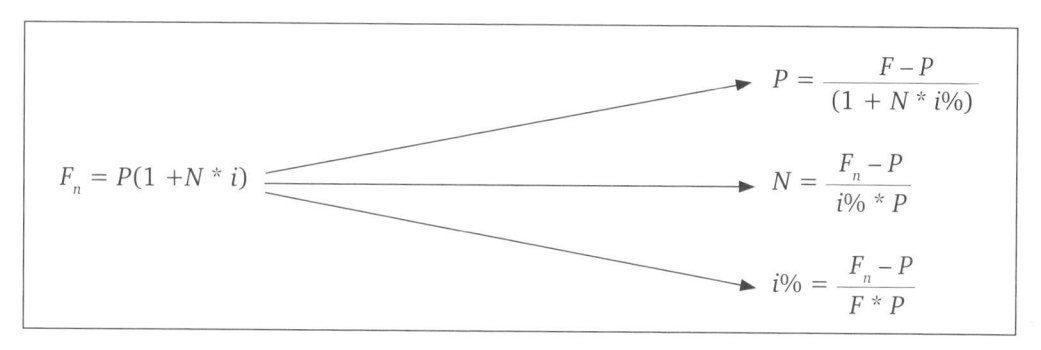

$$F_n = P(1 + N * i)$$

$$P = \frac{F - P}{(1 + N * i\%)}$$

$$N = \frac{F_n - P}{i\% * P}$$

$$i\% = \frac{F_n - P}{F * P}$$

Figura 3.5 *Fórmula básica para juros simples e suas variações.*

O regime de juros simples é raramente utilizado em transações financeiras e tende para o desaparecimento. Sua principal vantagem, a facilidade de cálculo, perdeu completamente o significado com o advento das calculadoras financeiras e das planilhas eletrônicas.

3.1.2 Juros compostos

No regime de juros compostos, assim como no regime de juros simples, a taxa de juros $i\%$" também é considerada constante por período. Contudo, ao contrário do que acontece no regime de juros simples, no regime de juros compostos a base sobre a qual essa taxa de juros incide é variável. No regime de juros compostos, a taxa de juros incide sempre sobre o capital atualizado, isto é, sobre o capital original acrescido dos juros acumulados até o início do período considerado. Assim, para um capital P aplicado a uma taxa de juros $i\%$ por n períodos, o juro de n-ésimo período será calculado multiplicando-se a taxa de juros ($i\%$) pelo capital atualizado até o período imediatamente anterior (F_{n-1}), isto é,

$$\text{Juro composto} = \text{Taxa} * \text{Base Atualizada}$$
$$\text{ou}$$
$$J_n = i\% * \text{Capital atualizado até o período } n - 1$$
$$\text{ou}$$
$$J_n = i\% * (F_{n-1})$$

A fórmula que relaciona um valor monetário de hoje P com um valor futuro distante n períodos F_n pode ser desenvolvida como segue:

Período	Juros (Taxa * Base)	Valor Futuro
1	$i\% * P$	$F_1 = P + i\% * P = P(1+i)^1$
2	$i\% * F_1$	$F_2 = F_1 + i\% * F_1 = P(1+i)^2$
3	$i\% * F_2$	$F_3 = F_2 + i\% * F_2 = P(1+i)^3$
...	...	...
n	$i\% * F_{n-1}$	$F_n = F_{n-1} + i\% * F_{n-1} = P(1+i)^n$

Assim, no regime de juros compostos, a fórmula básica que relaciona dois valores monetários posicionados em pontos distintos no tempo é:

$$F_n = P(1+i)^n$$

Exemplo

Qual o valor de resgate de um capital de $ 1.000, aplicado a uma taxa de 5% ao mês sob o regime de juro composto, após 12 meses de aplicação?

Esquematização do problema

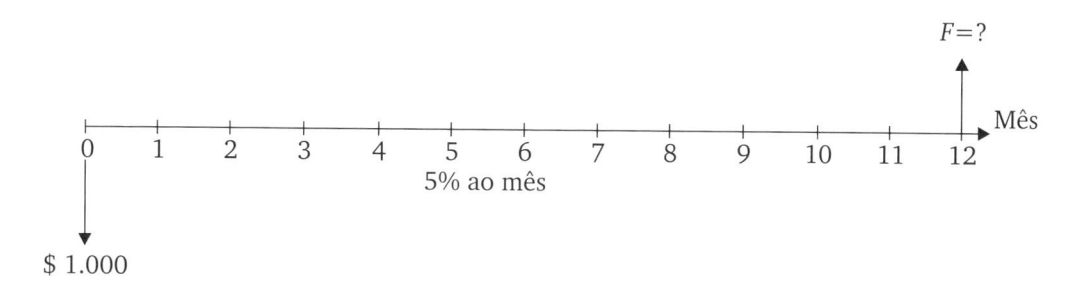

Solução do problema

$$F_n = P(1 + i)^n$$
$$\therefore F_{12} = \$\ 1.000 * (1 + 0,05)^{12}$$
$$\therefore F_{12} = \$\ 1.795,86$$

Solução via Excel $\rightarrow f_X \rightarrow$ Financeira $\rightarrow$ VF

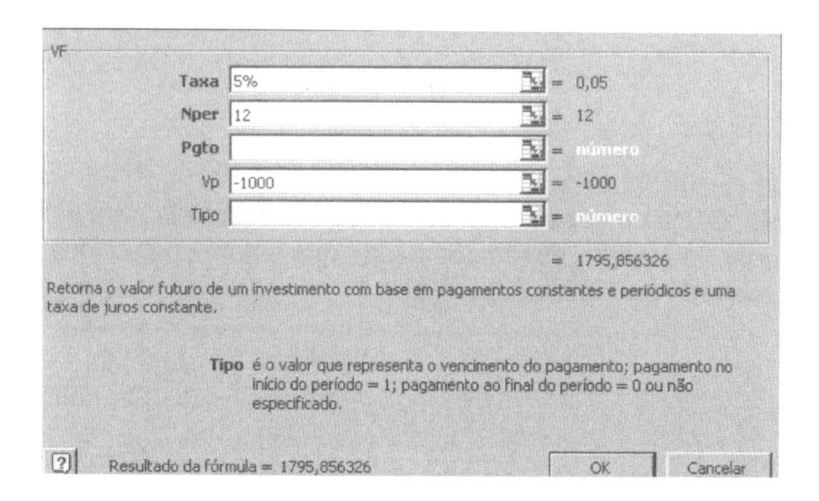

Solução via HP 12C

```
                    →   f CLEAR   FIN
        1.000 →   CHS      → PV
           12 →   n
            5 →   I
                    →   FV 1.795,85
```

Demonstrativo da evolução do juro e do capital

Período	Juro	Juro Acumulado	Montante	Período	Juro	Juro Acumulado	Montante
0			$ 1.000,00	7	$ 67,00	$ 407,10	$ 1.407,10
1	$ 50,00	$ 50,00	$ 1.050,00	8	$ 70,36	$ 477,46	$ 1.477,46
2	$ 52,50	$ 102,50	$ 1.102,50	9	$ 73,87	$ 551,33	$ 1.551,33
3	$ 55,13	$ 157,63	$ 1.157,63	10	$ 77,57	$ 628,89	$ 1.628,89
4	$ 57,88	$ 215,51	$ 1.215,51	11	$ 81,44	$ 710,34	$ 1.710,34
5	$ 60,78	$ 276,28	$ 1.276,28	12	$ 85,52	$ 795,86	$ 1.795,86
6	$ 63,81	$ 340,10	$ 1.340,10				

Representação gráfica do crescimento do capital

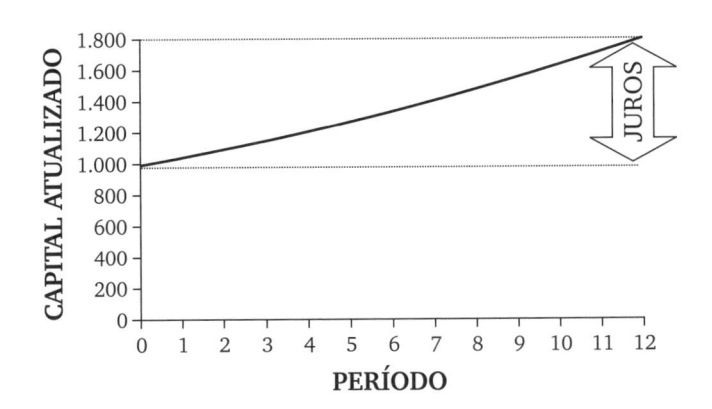

A fórmula básica de juros compostos pode ser adaptada para a determinação de qualquer dos quatro elementos desde que sejam conhecidos os outros três, como mostrado na Figura 3.6.

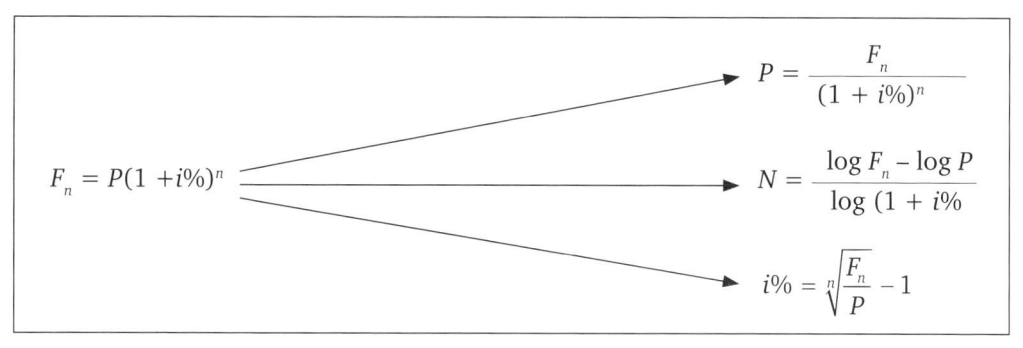

$$F_n = P(1 + i\%)^n$$

$$P = \frac{F_n}{(1 + i\%)^n}$$

$$N = \frac{\log F_n - \log P}{\log (1 + i\%}$$

$$i\% = \sqrt[n]{\frac{F_n}{P}} - 1$$

Figura 3.6 *Fórmula básica para o juro composto e suas variações.*

3.2 Taxas de juros

Diferentes operações financeiras usam diferentes tipos de taxas. Existem taxas para descontos de duplicatas, taxas para cartões de créditos, taxas para financiamentos de curto prazo, taxas para financiamentos de longo prazo, taxas mínimas de retorno exigidas para diferentes tipos de investimentos etc. Tendo em vista que toda a Matemática Financeira tem como informação básica a taxa de juro, sua especificação rigorosa é fundamental para que se obtenham os resultados desejados.

As fórmulas básicas foram desenvolvidas sob o pressuposto de que a escala de tempo (N) e a taxa de juros ($i\%$) estivessem especificadas na mesma unidade de tempo. Quando essa situação não ocorre, torna-se necessário compatibilizá-las alterando a escala de tempo ou o período a que a taxa se refere. Para alterar o período a que uma taxa se refere existem duas operações: conversão de taxas nominais em taxas efetivas e equivalência entre duas taxas efetivas.

3.2.1 Conversão de taxa nominal para taxa efetiva

Uma taxa é dita nominal se o período de referência da taxa não coincide com o período de capitalização (períodos em que são feitos os cálculos financeiros para a atualização do capital).

Exemplo de Taxa Nominal

24% ao **ano** com capitalização **mensal**.

A taxa de juros nominal é encontrada em alguns contratos de financiamento. Sua principal desvantagem é a possibilidade de conduzir a ilusões sobre o verdadeiro custo da transação financeira. No exemplo acima, um leigo poderia imaginar um custo efetivo de capital anual da ordem de 24% ao ano, o que seria incorreto. As operações financeiras contratadas com a taxa acima terão seus cálculos efetuados utilizando-se uma taxa mensal, pois é a capitalização que define o período de atualização do capital. Resta responder que taxa mensal seria utilizada nessa situação. A operação de conversão, conforme mostrada na Figura 3.7, responde a essa questão.

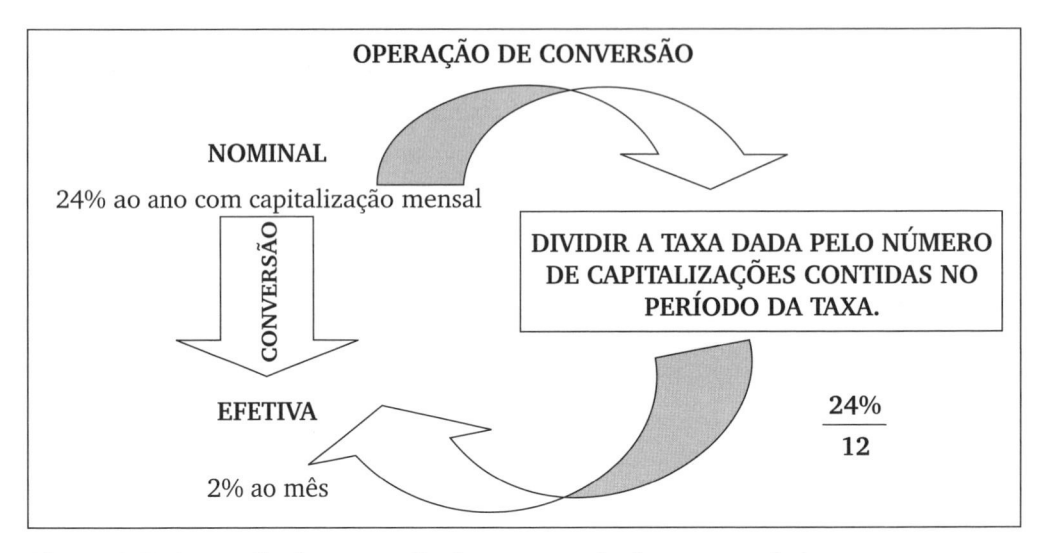

Figura 3.7 *Operação de conversão de taxa nominal em taxa efetiva.*

A seguir apresentam-se outros exemplos de taxas nominais e os resultados da operação de conversão.

Taxa Nominal	Taxa Efetiva
18% ao semestre com capitalização trimestral	9% ao trimestre
12% ao ano com capitalização semestral	6% ao semestre
9% ao trimestre com capitalização mensal	3% ao mês
12% ao ano com capitalização mensal	1% ao mês
24% ao ano com capitalização trimestral	6% ao trimestre
18% ao ano com capitalização bimestral	3% ao bimestre

3.2.2 Equivalência entre taxas efetivas

Uma taxa de juros é dita efetiva se o período a que ela estiver referenciada for coincidente com o período de sua capitalização. Por exemplo, uma taxa de 3% ao mês com capitalização mensal é uma taxa efetiva.

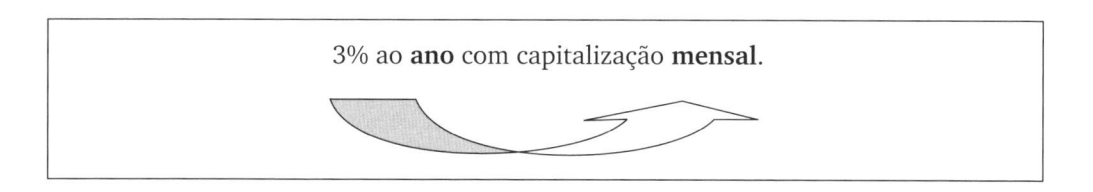

3% ao **ano** com capitalização **mensal**.

É comum, no caso de taxas efetivas, não se especificar o período de capitalização, ou seja, a taxa anterior poderia simplesmente ser especificada como 3% ao mês. Na prática é muito importante reconhecer se uma taxa é efetiva porque somente taxas efetivas devem ser utilizadas nos cálculos financeiros. Ademais, é importante ressaltar que a taxa efetiva apresenta, sem subterfúgios, a verdadeira remuneração da operação financeira.

Duas taxas de juros efetivas r e k são ditas equivalentes se, ao serem aplicadas sobre um mesmo principal P, durante um mesmo período n, produzirem o mesmo valor futuro F, isto é,

$$F_n = P(1 + r)^n = P(1 + i_k)^k = F_k$$
$$\therefore (1 + r)^n = (1 + i_k)^k$$
$$\therefore i_k = (1 + r)^{n/k}$$

Apresentam-se, a seguir, alguns exemplos de taxas equivalentes.

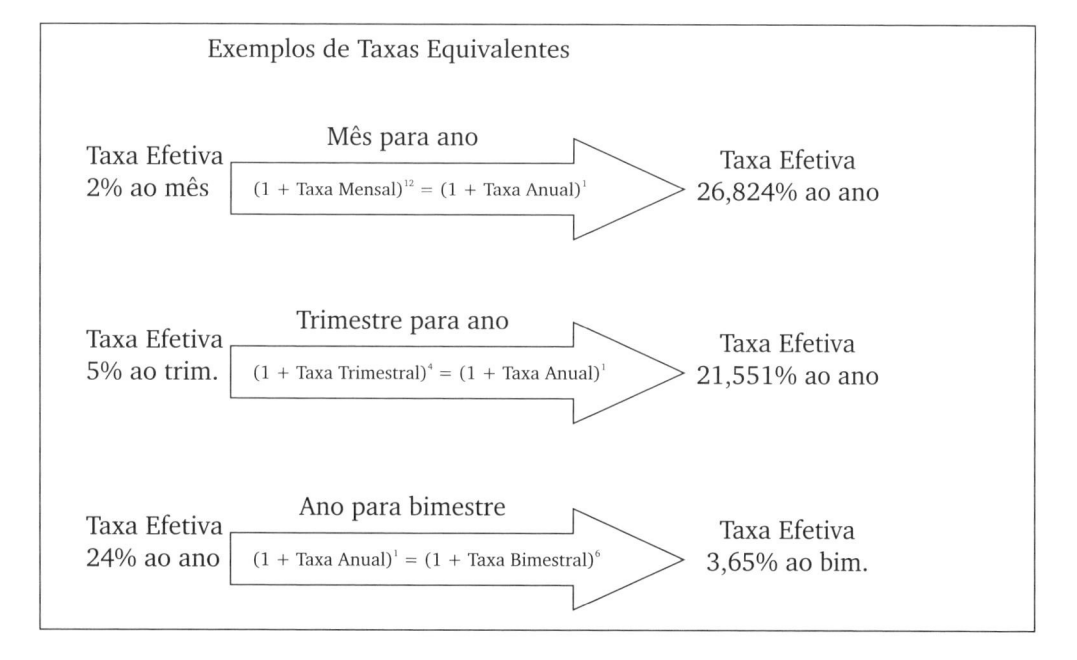

Exemplos de Taxas Equivalentes

Taxa Efetiva 2% ao mês — Mês para ano $(1 + \text{Taxa Mensal})^{12} = (1 + \text{Taxa Anual})^1$ — Taxa Efetiva 26,824% ao ano

Taxa Efetiva 5% ao trim. — Trimestre para ano $(1 + \text{Taxa Trimestral})^4 = (1 + \text{Taxa Anual})^1$ — Taxa Efetiva 21,551% ao ano

Taxa Efetiva 24% ao ano — Ano para bimestre $(1 + \text{Taxa Anual})^1 = (1 + \text{Taxa Bimestral})^6$ — Taxa Efetiva 3,65% ao bim.

O procedimento recomendado para executar a operação de equivalência envolve a esquematização do problema em forma de fluxo de caixa. Deve-se construir o fluxo de caixa seguindo seis etapas:

1. Em uma operação de equivalência sempre existem duas unidades de tempo envolvidas (uma menor e uma maior);

2. Construa o eixo representativo do tempo usando como escala a menor das duas unidades de tempo;

3. Associe ao eixo a taxa referente à escala utilizada. Se esta taxa não for conhecida, apenas coloque um ponto de interrogação;

4. Represente o *VP* como sendo igual à aplicação de $ 1;

5. Represente o *VF* como sendo igual a 1 mais a taxa de juros do período maior. Se esta taxa não for conhecida coloque um ponto de interrogação;

6. Use uma calculadora financeira ou o Excel para solucionar o problema formulado.

Apresentam-se, a seguir, dois exemplos para ilustrar as fases da modelagem proposta.

Exemplo

Qual é a taxa efetiva anual equivalente à taxa de 2% ao mês?

Fases da modelagem

FASES	EXECUÇÃO
1	Mês e ano. Mês é menor;
2	
3	
4	
5	

Solução via HP 12C

$$\begin{aligned}
&\rightarrow \text{ f CLEAR \ FIN}\\
1 \rightarrow \ &\text{CHS} \ \rightarrow \text{PV}\\
12 \rightarrow \ &\text{n}\\
2 \rightarrow \ &\text{i}\\
&\rightarrow \text{ FV 1,27}
\end{aligned}$$

Solução via Excel → fx → Financeira VF

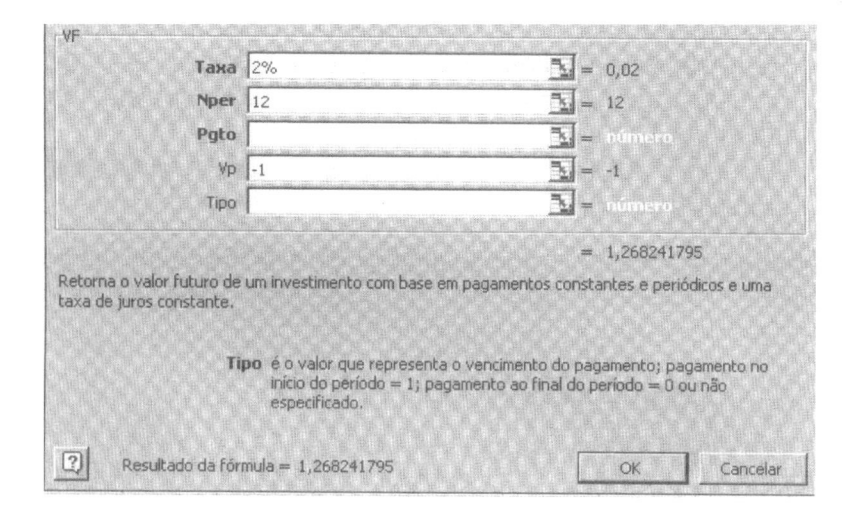

Resposta à questão formulada

2% ao mês é equivalente a 26,824% ao ano. Um investidor obterá o mesmo resultado se aplicar seu capital a 2% ao mês por 12 meses ou a 26,824% ao ano por 1 ano.

Exemplo

Qual taxa bimestral é equivalente à taxa de 24% ao ano?

Fases da modelagem

FASES	EXECUÇÃO
1	Bimestre e ano. Bimestre é menor;
2	Bim. 0 1 2 3 ... 5 6
3	Bim. 0 1 2 3 ... 5 6 Taxa bimestral = ?
4	Bim. 0 1 2 3 ... 5 6 Taxa bimestral = ? $1
5	1,24 Bim. 0 1 2 3 ... 5 6 $1 Taxa bimestral = ?

Solução via HP 12C

→	f CLEAR	FIN
1 →	CHS	→ PV
6 →	n	
1,24 →	FV	
→	i	3,65

Solução via Excel → fX → Financeira → TAXA

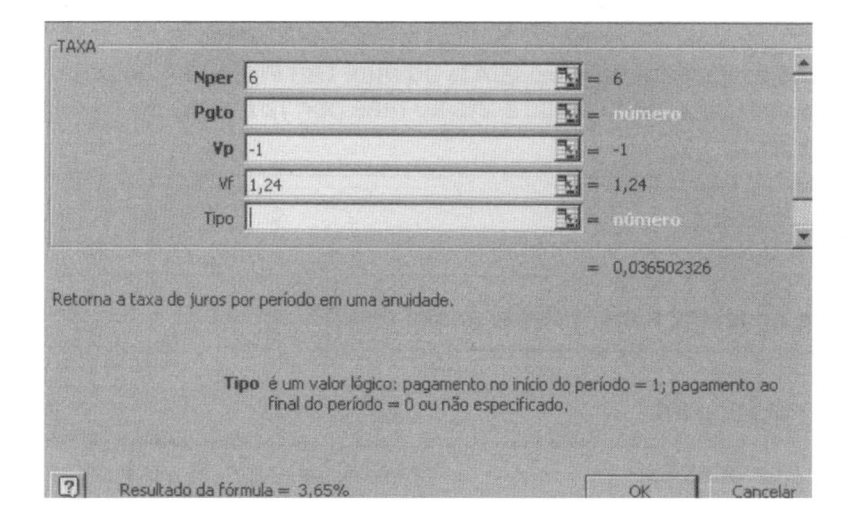

Resposta à questão formulada

> 24% ao ano é equivalente a 3,65% ao bimestre. Um investidor obterá o mesmo resultado se aplicar seu capital a 24% ao ano por um ano ou a 3,65% ao bimestre por seis bimestres.

3.3 Série uniforme (*PGTO*) e um único valor no futuro (*VF*)

Considere-se uma seqüência de n pagamentos iguais de valor *PGTO* (série uniforme de pagamentos) cujo valor futuro *VF* deseja-se determinar. O fluxo de caixa a seguir mostra essa situação.

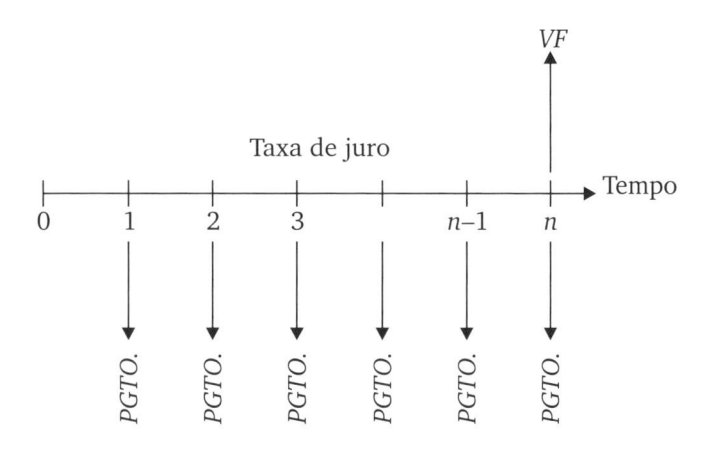

O relacionamento entre a série uniforme e o valor futuro é facilmente estabelecido se cada uma das parcelas *PGTO* for capitalizada para o tempo n (onde está *FV*) como mostrado a seguir.

$$
\begin{aligned}
FV &= PGTO*(1 + i)^{n-1} + PGTO*(1 + i)^{n-2} + PGTO*(1 + i)^{n-3} + ... + PGTO(1 + i)^{1} + PGTO \\
&= PGTO*[(1 + i)^{n-1} + (1 + i)^{n-2} + (1 + i)^{n-3} + ... + (1 + i)^{1} + 1] \\
&= PGTO*[1 + (1 + i)^{1} + (1 + i)^{2} + (1 + i)^{3} + ... + (1 + i)^{n-2} + (1 + i)^{n-1}] \\
&= PGTO* \frac{(1 + i)^{n} - 1}{i}
\end{aligned}
$$

As possíveis variações da fórmula básica estão apresentadas na Figura 3.8.

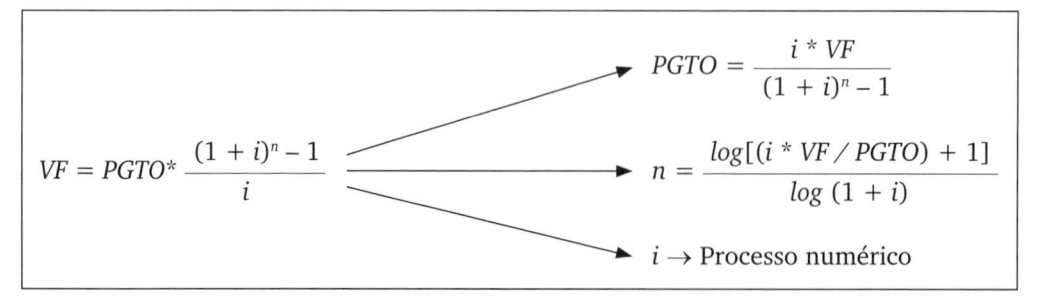

Figura 3.8 *Variações da fórmula básica para PGTO × VF.*

Exemplo

Uma pessoa decidiu depositar em uma conta de poupança a importância de $ 100 por mês pelos próximos dez anos (considere que o primeiro depósito será daqui a um mês). A instituição financeira que recebe os depósitos utiliza uma taxa de 1% ao mês para atualizar o saldo dessas contas. Qual será o saldo dessa conta imediatamente após o último depósito?

Esquematização do problema

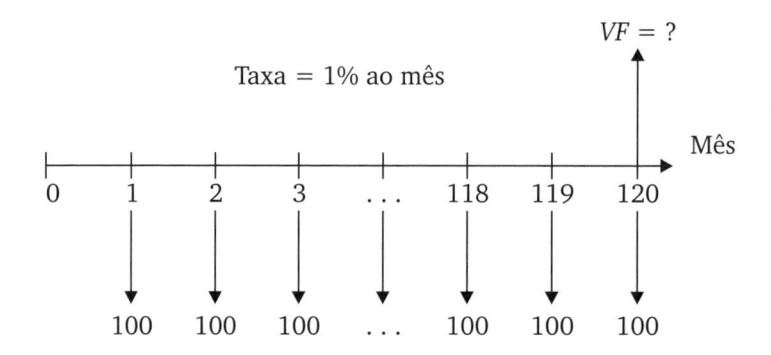

Solução via HP 12C

	→	f CLEAR	FIN
100 →	CHS	→ PGTO	
120 →	n		
1 →	i		
	→	FV	23.003,87

Solução do problema via Excel → f_x → Financeira → VF

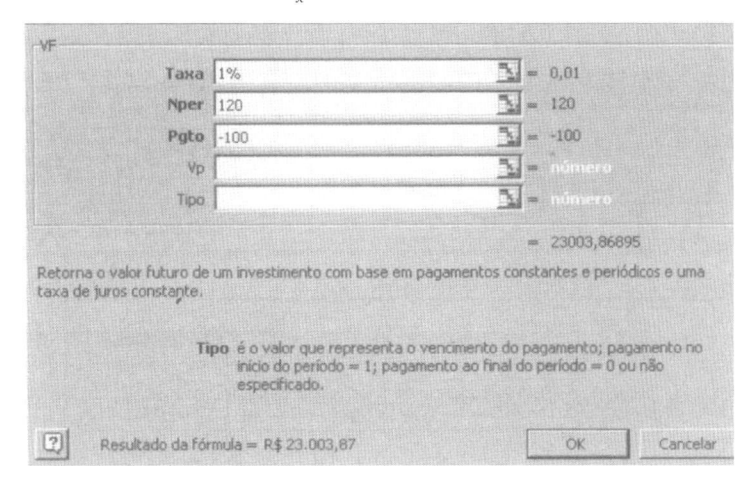

3.4 Um único valor no presente (*VP*) e uma série uniforme (*PGTO*)

Nesse caso, tem-se uma seqüência de n pagamentos iguais de valor *PGTO* (série uniforme de pagamentos) e deseja-se determinar seu valor no presente (*VP*), como mostra o fluxo de caixa a seguir.

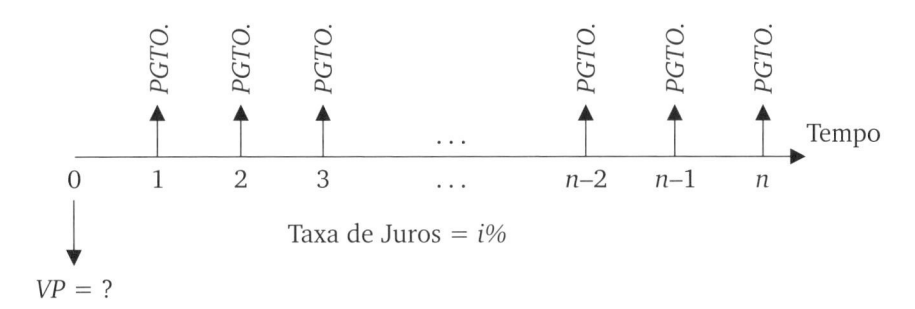

O relacionamento entre *VP* e *PGTO* pode ser facilmente deduzido a partir do caso anterior em que a série uniforme de pagamentos *PGTO* foi condensada em um único valor no futuro, *VF*. O caso atual pode ser visto como o relacionamento entre dois valores *VP* e *VF*, como apresentado no fluxo de caixa a seguir.

$$VF = PGTO * \frac{(1 + i)^n - 1}{i}$$

De onde se conclui que a fórmula que relaciona *VP* com *PGTO* (e suas variações) será dada pela Figura 3.9.

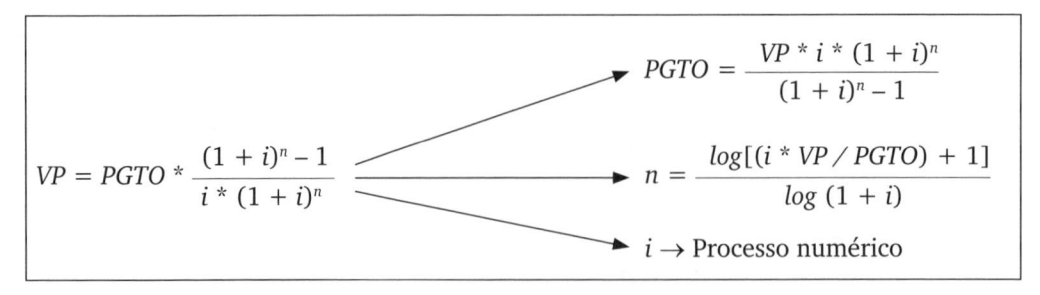

Figura 3.9 *Variações da fórmula básica para VP e PGTO.*

Exemplo

Um financiamento de $ 20.000 deve ser pago em dez parcelas iguais. A taxa de juro estipulada no contrato é 24% ao ano com capitalização mensal. O primeiro pagamento deve ocorrer no prazo de um mês. Qual é o valor de cada prestação?

Esquematização do problema

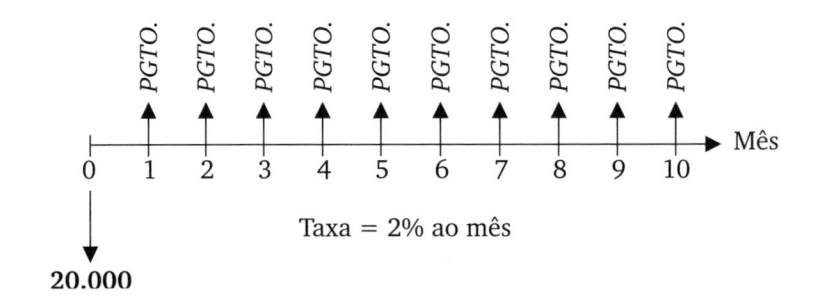

Solução via HP 12C

```
              →  f CLEAR    FIN
   20.000 →   CHS    → PV
       10 →   n
        2 →   i
              →  PGTO     2.226,53
```

Solução via Excel → f_x → Financeira → PGTO

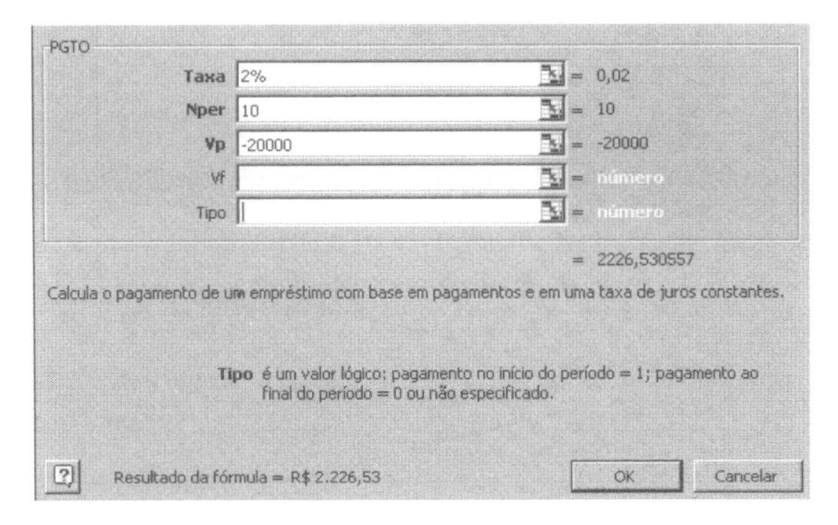

3.5 Seqüências não uniformes (Valor$_j$ ou CF$_j$)

Existem situações em que os valores do fluxo de caixa são distintos para cada período e, nesse caso, cada valor precisa ser tratado separadamente. O fluxo de caixa a seguir ilustra uma possível situação para uma seqüência de n valores distintos (Valor) para cada período (j).

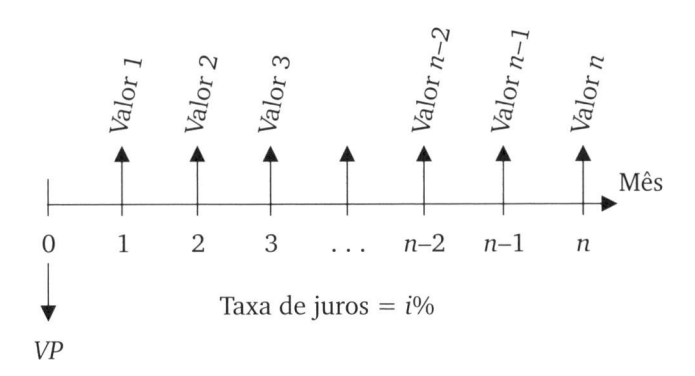

O relacionamento da seqüência de valores acima com *VP* (ou *VF*) é obtida descapitalizando (ou capitalizando) individualmente cada um dos valores. Os resultados parciais obtidos são então somados para se chegar ao resultado final.

$$VP = \frac{Valor\ 1}{(1 + i\%)^1} + \frac{Valor\ 2}{(1 + i\%)^2} + \frac{Valor\ 3}{(1 + i\%)^3} + ... + \frac{Valor\ n-1}{(1 + i\%)^{n-1}} + \frac{Valor\ n}{(1 + i\%)^n}$$

Exemplo

Quanto se deve depositar para poder fazer retiradas mensais consecutivas de $ 200, $ 250, $ 220, $ 180, $ 120 e $ 300? Considere que a primeira retirada ocorra já ao final do próximo mês e que a instituição financeira utiliza uma taxa de 2% ao mês para remunerar o saldo remanescente.

Esquematização da solução

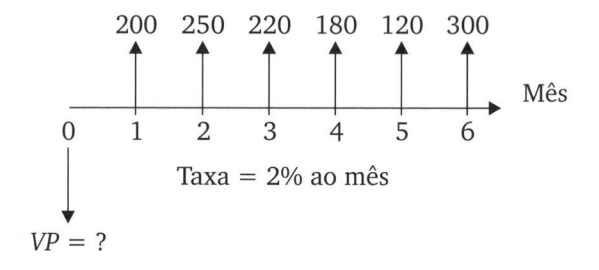

Solução via HP 12C

$\rightarrow$	f	$\rightarrow$	CLEAR	FIN
0	$\rightarrow$	g	$\rightarrow$	CF_0
200	$\rightarrow$	g	$\rightarrow$	CF_j
250	$\rightarrow$	g	$\rightarrow$	CF_j
220	$\rightarrow$	g	$\rightarrow$	CF_j
180	$\rightarrow$	g	$\rightarrow$	CF_j
120	$\rightarrow$	g	$\rightarrow$	CF_j
300	$\rightarrow$	g	$\rightarrow$	CF_j
2	$\rightarrow$	i		
f	$\rightarrow$	NPV	1.185,05	

Solução via Excel → f_x → *Financeira* → *VPL*

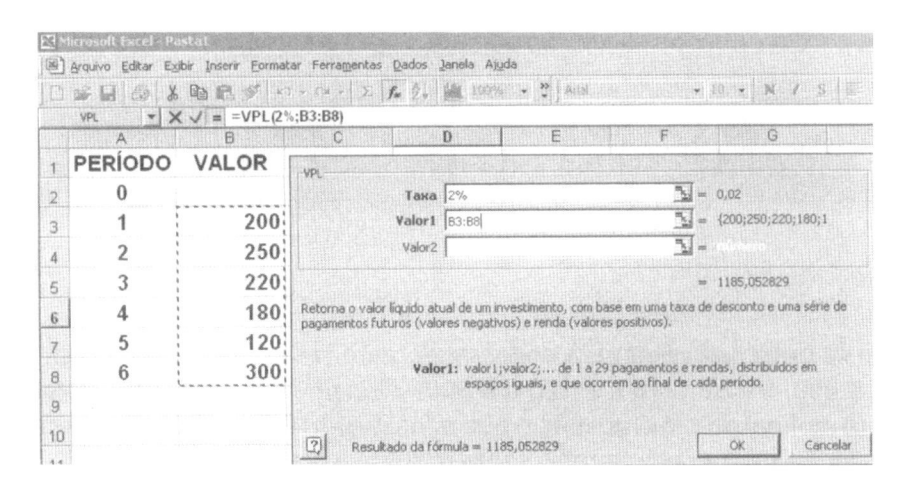

É importante observar que, em se tratando de uma seqüência não uniforme, utiliza-se a função *VPL* para calcular o *VP* do fluxo de caixa dado.

Resposta à questão formulada

> Para efetuar a seqüência de saques desejados é necessário depositar, hoje, a quantia de $ 1.185,05. A tabela a seguir confirma o resultado obtido.

Período	Depósito	Saque	Juro	Saldo
0	1.185,05			1.185,05
1		200,00	23,70	1.008,75
2		250,00	20,18	778,93
3		220,00	15,58	574,51
4		180,00	11,49	406,00
5		120,00	8,12	294,12
6		300,00	5,88	0,00

Exemplo

> Um empréstimo pessoal de $ 1.000 foi realizado em uma cooperativa de crédito. Em troca, o tomador do empréstimo assumiu os seguintes compromissos mensais: três parcelas sucessivas de $ 120, quatro parcelas sucessivas de $ 150 e duas parcelas sucessivas de $ 170. Que taxa de juro está sendo praticada pela cooperativa?

Esquematização do problema

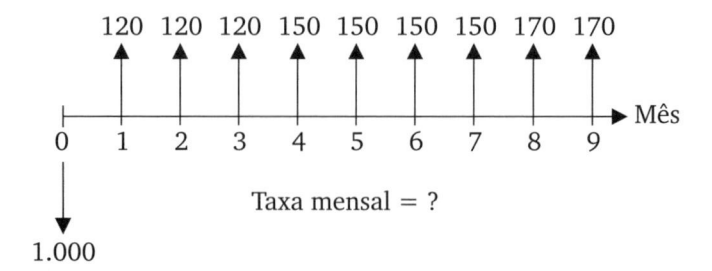

Solução do Problema via VP 12C

$\rightarrow$	f	$\rightarrow$	CLEAR	FIN
1.000	$\rightarrow$	CHS	$\rightarrow$	CF_0
120	$\rightarrow$	g	$\rightarrow$	CF_j
3	$\rightarrow$	g	$\rightarrow$	N_j
150	$\rightarrow$	g	$\rightarrow$	CF_j
4	$\rightarrow$	g	$\rightarrow$	N_j
170	$\rightarrow$	g	$\rightarrow$	CF_j
170	$\rightarrow$	g	$\rightarrow$	CF_j
f	$\rightarrow$	IRR	5,23	

Solução via Excel $\rightarrow f_x \rightarrow$ Financeira $\rightarrow$ TIR

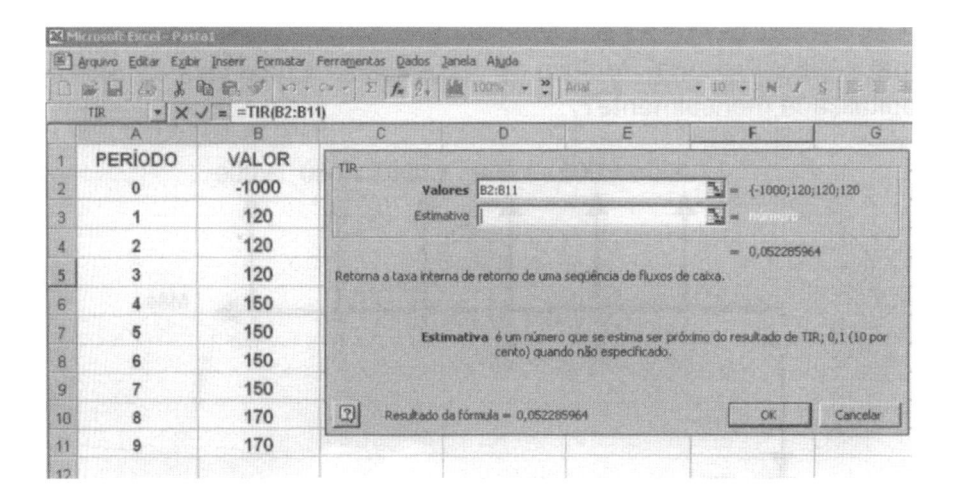

É importante observar que, em se tratando de uma seqüência não uniforme, utiliza-se a função *TIR* para calcular a taxa de juros.

3.6 Questões para revisão

1. Qual o montante acumulado, após 12 meses, a uma taxa de 5% ao mês, no regime de juros simples, para um principal de $ 1.000?

2. Que capital deve ser aplicado hoje para se ter um montante de $ 5.000, daqui a quatro trimestres, a uma taxa de 6% ao trimestre no regime de juros simples?

3. Qual o montante acumulado, após 24 meses, a uma taxa de 5% ao mês, no regime de juros compostos, a partir de um principal de $ 500?

4. Que valor deve ser depositado hoje para se poder sacar $ 8.000 daqui a três meses e $ 12.000 daqui a seis meses? Considere uma taxa de juros de 24% ao ano capitalizada mensalmente e regime de juros compostos.

5. Uma aplicação feita hoje, de $ 10.000, será resgatada daqui a 15 meses por $ 21.000. Considerando-se regime de juros compostos, qual o valor da taxa de juros implícita nessa negociação?

6. Qual a taxa de juros anual equivalente à taxa efetiva de 2,5% ao mês?

7. Qual a taxa efetiva mensal equivalente à taxa de 30% ao trimestre capitalizada trimestralmente?

8. Qual a taxa efetiva mensal que é equivalente à taxa de 36% ao ano capitalizada semestralmente?

9. Qual o Valor Presente do fluxo de caixa abaixo a uma taxa de 24% ao ano capitalizada mensalmente?

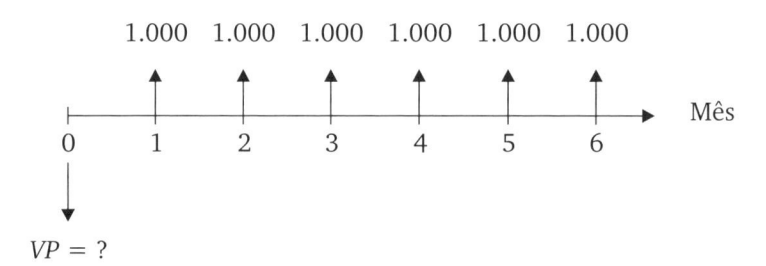

10. Qual o montante *VF* do fluxo de caixa trimestral a seguir, considerando-se uma taxa de 18% ao ano capitalizada trimestralmente?

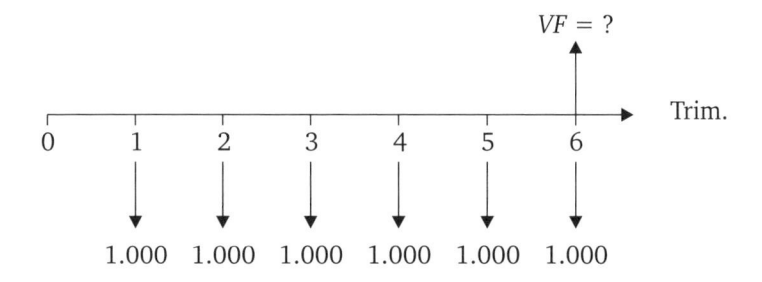

11. Qual o valor presente do fluxo de caixa anual, a uma taxa de juros de 10% ao ano?

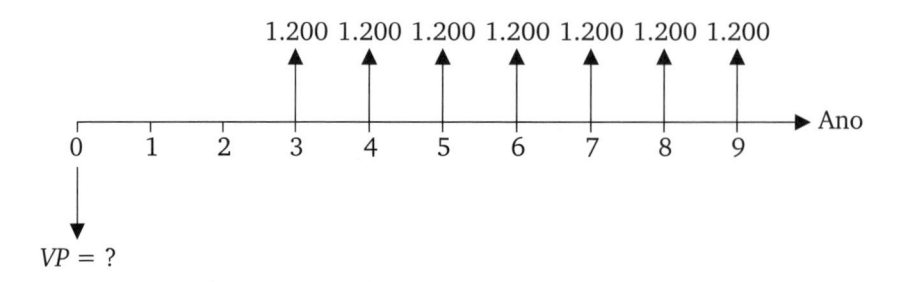

12. Certa loja vende um conjunto de som por $ 400 de entrada e mais três parcelas mensais iguais de $ 400. O preço a vista deste conjunto de som é $ 1.400. Qual a taxa de juros que a loja está embutindo no preço a prazo?

13. Qual o Valor Presente do fluxo de caixa anual para uma taxa de juros de 15% ao ano?

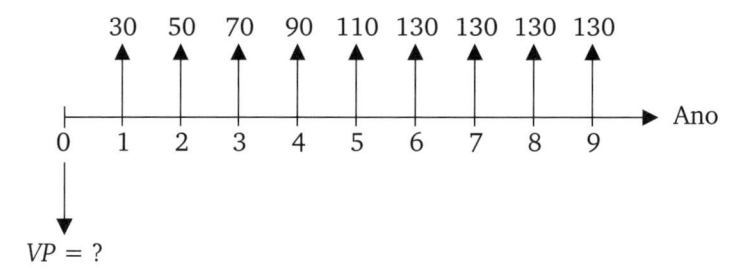

14. Que taxa de juros relaciona um VP de $ 320 com a série não uniforme do fluxo de caixa anual a seguir?

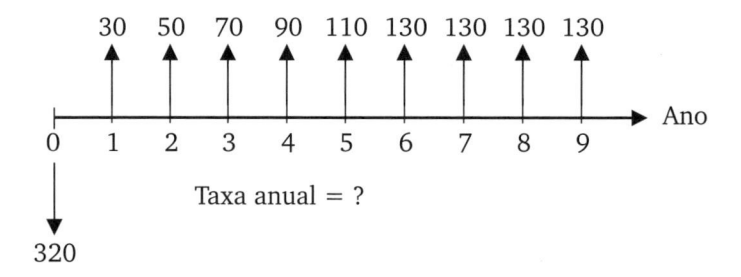

15. Um aparelho de TV pode ser comprado a vista por $ 4.000. A loja também anuncia o mesmo aparelho por $ 1.000 de entrada, seguida de três parcelas mensais de $ 600 e de cinco parcelas mensais de $ 500. Que taxa de juros a loja está praticando?

3.7 Lista suplementar

1. Quanto se deve depositar hoje em uma instituição financeira para se fazer oito retiradas trimestrais de $ 2.000? Considere que a instituição financeira remunera o capital à base de 2% ao mês.

2. Um cidadão contraiu uma dívida que deve ser paga em três parcelas: $ 1.000 daqui a um mês; $ 2.000 daqui a três meses e $ 5.000 daqui a quatro meses. Esse cidadão, com respeito à terceira parcela, propõe ao credor pagar $ 1.000 no quarto mês e o saldo ($ 4.000) em três parcelas mensais iguais (5º, 6º e 7º mês). Se o credor opera com uma taxa de juros de 3% ao mês, como ficaria a proposta feita? (Desenhe o novo fluxo de caixa).

3. Um curso de medicina, em uma faculdade particular, custa $ 1.500/mês. A esse valor deve-se acrescer $ 800/mês referentes a material escolar, transporte etc. Sabendo-se que um curso de medicina tem duração de seis anos e que o custo de capital se situa em torno de 1,2% ao mês, determine, em valores monetários de hoje, o custo da obtenção de um diploma de médico.

4. Uma empresa deve quitar um empréstimo da seguinte forma: $ 2.000 ao final do 3º mês, $ 3.000 ao final do 5º mês e $ 3.500 ao final do 7º mês. Outra alternativa é quitar as três parcelas em um só pagamento de $ 11.446,06. O banco negociou uma taxa de juro de 6,5% ao mês. Para que seja uma transação justa, em que mês deve ocorrer o pagamento da parcela única?

5. Tenho uma dívida de $ 87.000 que deve ser paga daqui a sete meses e outra de $ 117.000 que deve ser paga daqui a 15 meses. Essas dívidas foram contratadas a 2% ao mês. Se eu quiser quitar as dívidas hoje, quanto deveria pagar?

6. Um apartamento pode ser comprado por $ 320.000 a vista ou com 20% de entrada e mais duas prestações iguais de $ 165.000 cada. A primeira para daqui a três meses e a segunda para daqui a sete meses. A taxa de juros (líquida e após IR) vigente no mercado (para aplicações) é de 1,2% ao mês. Se você estivesse disposto a comprar o apartamento, e tivesse disponibilidade financeira, qual seria sua decisão? Justifique a sua resposta.

7. Uma pessoa pretende, em 31/12, ter um saldo de $ 12.000 em sua conta de poupança. A estratégia financeira é fazer, no primeiro dia útil de cada mês, depósitos mensais iguais em uma caderneta de poupança. A caderneta de poupança remunera o saldo a 1,5% ao mês. Considerando-se, hoje, 1º de março, como a data do primeiro depósito, qual deve ser o valor de cada depósito?

8. Um empréstimo de $ 150.000 foi inicialmente negociado com um banco para ser pago em 15 parcelas iguais com taxa de juros de 2,5% ao mês sobre o saldo devedor. No intuito de reduzir o valor da prestação, o tomador do empréstimo resolveu fazer dois balões de $ 25.000 (3º e 10º mês). Qual o valor da prestação?

9. Considere uma seqüência de 20 depósitos mensais. O primeiro depósito, a ser feito daqui a um mês, será de $ 100. Os depósitos sucessivos serão 20% maiores que o depósito anterior. Se a instituição financeira que administra esse fundo remunera o capital a 1,8% ao mês, qual será o valor do fundo após o 20º depósito?

10. Um empresário, que atualmente só vende a vista, deseja passar a comercializar seus produtos da seguinte forma: 25% de entrada e o saldo dividido em cinco parcelas iguais. Para não perder dinheiro, ele deve alterar o antigo preço a vista. Que percentual de acréscimo deve incidir sobre o preço a vista se o custo de oportunidade do capital, para esse empresário, é de 5% ao mês?

4

Sistemas de Amortização

Com freqüência, os recursos necessários para realizar um projeto de investimento são complementados com capital de terceiros. Esse capital complementar é financiado através de contratos que estabelecem taxas, prazos, correção monetária e outras condições, como taxa de abertura de crédito, multas, juros de mora etc. Os dois Sistemas de Amortização mais utilizados no Brasil são o Sistema Francês (também conhecido como Tabela Price) e o Sistema de Amortização Constante (SAC).

No estudo dos Sistemas de Amortização busca-se identificar, em qualquer época, o estado da dívida, isto é, o valor da prestação, sua composição em termos de juros e amortização, e o saldo devedor imediatamente após o pagamento de cada prestação. É importante identificar, em cada prestação, a parcela referente a juros, porque esse valor é considerado despesa financeira no Demonstrativo de Resultado do Exercício, diminuindo a Renda Tributável.

Em qualquer Sistema de Amortização, a Planilha Básica de Pagamentos tem a estrutura mostrada na Figura 4.1.

Período	Prestação	Amortização	Juro	Saldo Devedor
0				P
1	p_1	a_1	j_1	SD_1
2	p_2	a_2	j_2	SD_2
3	p_3	a_3	j_3	SD_3
...	...	...	...	...
k	p_k	a_k	j_k	SD_k
...	...	...	...	...
n	p_n	a_n	j_n	SD_n

Figura 4.1 *Planilha de pagamentos de um financiamento* **P**.

4.1 Sistema francês de amortização

O Sistema Francês de Amortização, também conhecido como Tabela Price, encontra vasta aplicação nas transações financeiras e comerciais a prazo. A característica básica desse sistema é ter prestações constantes,[1] isto é:

$$p_1 = p_2 = p_3 = ... = p_n = p$$

Toda prestação é composta de duas parcelas: juro e amortização:

$$p_k = j_k + a_k$$

Nesse sistema, as prestações iniciais contêm mais juros do que as prestações finais. O valor dos juros decresce à medida que a dívida vai sendo amortizada. A parcela de amortização, por sua vez, apresenta crescimento geométrico ao longo do período de financiamento.

A Figura 4.2 ilustra, para o Sistema Price, os cálculos financeiros básicos a recursividade necessária para o preenchimento da planilha de um financiamento de valor P, contratado à taxa de juro i, para ser pago em n parcelas.

Período	Prestação	Amortização	Juro	Saldo Devedor
0				$P = SD_0$
1	❶ p	❸ $a_1 = p - j_1$	❷ $j_1 = i\% \cdot SD_0$	❹ $SD_1 = SD_0 - a_1$
2	p	$a_2 = p - j_2$	$j_2 = i\% \cdot SD_1$	$SD_2 = SD_1 - a_2$
3	p	$a_3 = p - j_3$	$j_3 = i\% \cdot SD_2$	$SD_3 = SD_2 - a_3$
...	...	...	...	
k	p	$a_k = p - j_k$	$j_k = i\% \cdot SD_{k-1}$	$SD_k = SD_{k-1} - a_k$
...	...	...	...	
n	p	$a_n = p - j_k$	$j_n = i\% \cdot SD_{n-1}$	$SD_n = SD_{n-1} - a_n$

Figura 4.2 *Planilha Price.*

Na planilha acima, p é obtido por meio da fórmula que relaciona uma série uniforme de pagamentos com um único valor no presente, isto é:

---

[1] Segundo Sandrini (2007), "a liquidação de empréstimos por meio de prestações constantes e periódicas se deve ao escritor inglês Richard Price (1803, p. 262-285), que publicou Tabelas de Juro Composto em seu livro intitulado *Observations on reversionary payments*. Ele apresentou tabelas de 1 a 100 períodos (anos), com taxas variando de 2 a 10% ao ano, para o cálculo do valor presente e valor futuro de um único valor e de séries uniforme de pagamentos".

$$Prestação_{Price} = P \, \frac{i.(1 + i)^n}{(1 + i)^n - 1}$$

O valor da prestação também é facilmente obtido nas calculadoras financeiras (tecla PMT na HP12C) ou pelo Excel usando-se $f_x \to$ *Financeira* $\to$ *PGTO*.

Exemplo 4.1 Elaborar a Planilha de Pagamentos de um financiamento de $ 20.000, contratado pelo Sistema Francês de Amortização (Tabela Price) à taxa de juros de 36% ao ano com capitalização mensal, a ser pago em oito prestações.

I – Solução via *Excel*

As telas a seguir ilustram, passo a passo, a construção da Planilha Price.

Passo 1: calcular o valor da prestação usando $f_x \to$ *Financeira* $\to$ *PGTO*

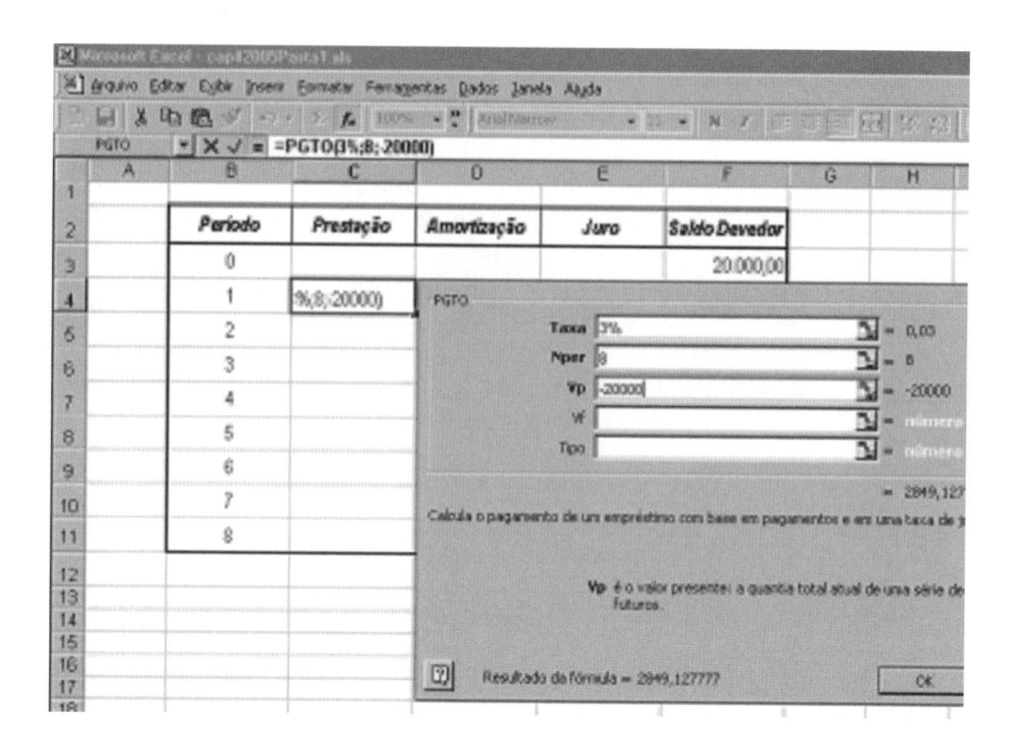

Passo 2: calcular o juro associado à primeira prestação usando j_k = Taxa * SD_{k-1}

	A	B	C	D	E	F
1						
2		Período	Prestação	Amortização	Juro	Saldo Devedor
3		0				20.000,00
4		1	2.849,13		=3%*F3	
5		2				
6		3				

Passo 3: calcular a amortização usando $a_k = p - j_k$

Passo 4: atualizar o saldo devedor usando $SD_k = SD_{k-1} - a_k$

Passo 5: selecionar a 1ª linha e obter o sinal de arrastar para preencher a planilha

Passo 6: arrastar e preencher a planilha

Período	Prestação	Amortização	Juro	Saldo Devedor
0				20.000,00
1	2.849,13	2.249,13	600,00	17.750,87
2	2.849,13	2.316,60	532,53	15.434,27
3	2.849,13	2.386,10	463,03	13.048,17
4	2.849,13	2.457,68	391,45	10.590,49
5	2.849,13	2.531,41	317,71	8.059,08
6	2.849,13	2.607,36	241,77	5.451,72
7	2.849,13	2.685,58	163,55	2.766,14
8	2.849,13	2.766,14	82,98	(0,00)

II – Solução via HP12C

Utilizando os recursos da calculadora financeira, a planilha acima poderia ser construída da seguinte forma:

CÁLCULO DA PRESTAÇÃO	☞	CLEAR					
	☞	20000	☞	CHS	☞	PV	
	☞	3	☞	i			
	☞	8	☞	n			
	☞	PMT	2.849,13				
1ª LINHA	☞	1	☞	f	☞	AMORT	600,00
	☞	x y	2.249,13				
	☞	RCL	☞	PV	17.750,87		
2ª LINHA	☞	1	☞	f	☞	AMORT	532,26
	☞	x y	2.316,60				
	☞	RCL	☞	PV	15.434,27		

As demais linhas da planilha são obtidas de modo análogo.

As Figuras 4.3 e 4.4 mostram graficamente a composição das prestações ao longo do período de amortização e a evolução do saldo devedor para o exemplo em análise.

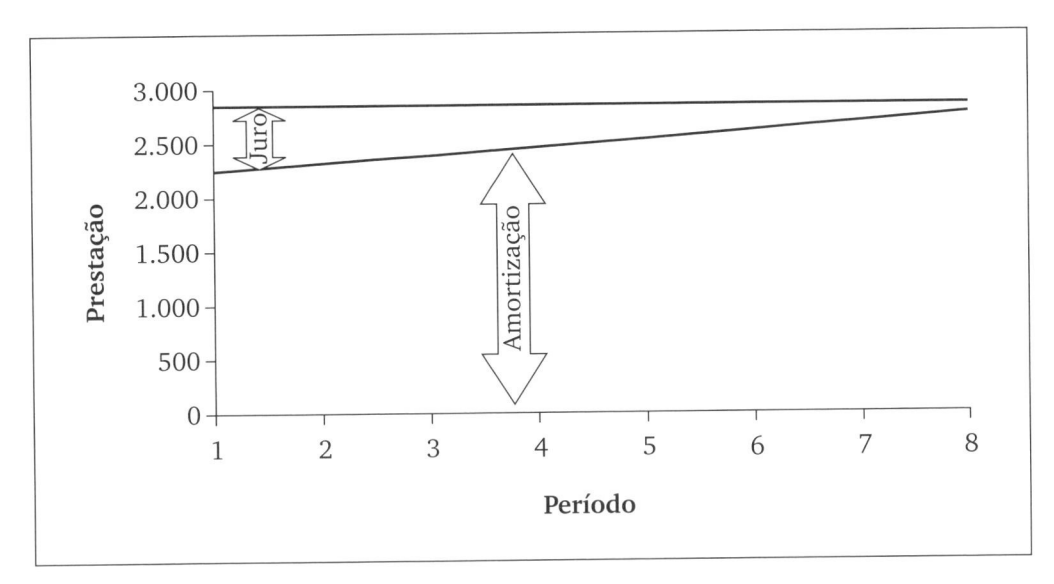

Figura 4.3 *Sistema Francês: composição da prestação.*

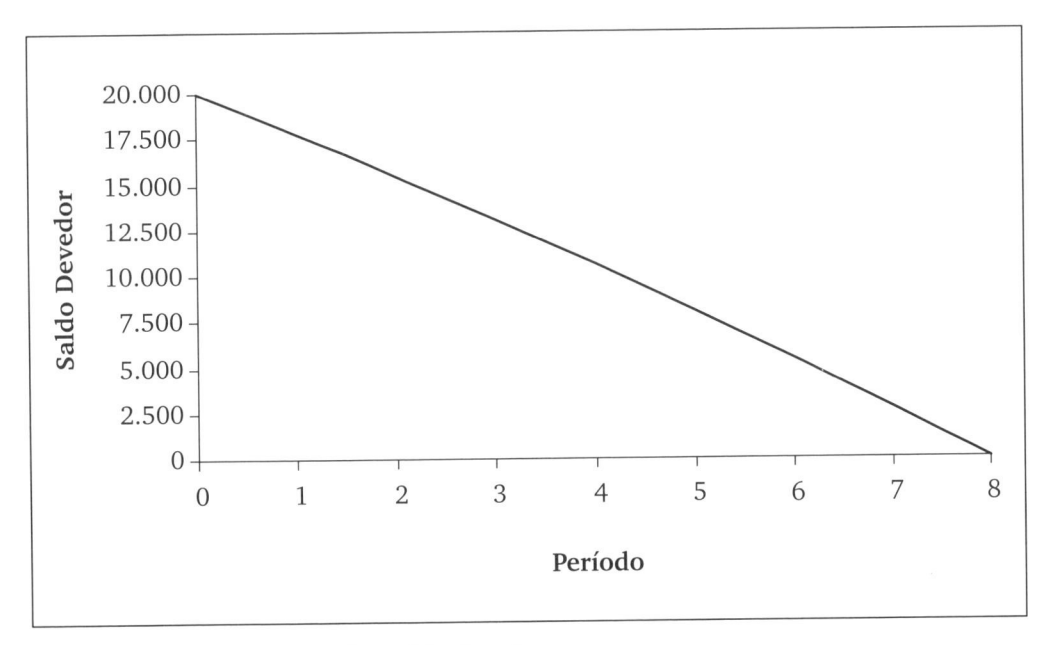

Figura 4.4 *Sistema Francês: saldo devedor.*

4.1.1 Sistema francês de amortização com período de carência

Entende-se por carência o período imediatamente após a contratação em que não há amortização. Em geral, durante esse período há somente pagamento de juros, a não ser que seja prevista em contrato a incorporação ao principal dos juros do período. O prazo de carência deve ser condizente com o tempo de maturação do projeto, de modo a permitir ao projeto gerar caixa para a amortização da dívida.

A solução, nesse caso, é semelhante à anterior, exceto pelo período de carência, em que a prestação é composta somente de juro (amortização igual a zero). Os passos para a solução, quando há carência, são apresentados na Figura 4.5, a seguir.

Período	Prestação	Amortização	Juro	Saldo Devedor
0				$P = SD_0$
Carência 1	$p = j_1$	0	$j_1 = i\% * SD_0$	$P = SD_0$
Carência 2	$p = j_1$	0	$j_1 = i\% * SD_0$	$P = SD_0$
Carência 3	$p = j_1$	0	$j_1 = i\% * SD_0$	$P = SD_0$
1	❶ p	❸ $a_1 = p - j_1$	❷ $j_1 = i\% * SD_0$	❹ $SD_1 = SD_0 - a_1$
2	p	$a_2 = p - j_2$	$J_2 = i\% * SD_1$	$SD_2 = SD_1 - a_2$
3	p	$a_3 = p - j_3$	$J_3 = i\% * SD_2$	$SD_3 = SD_2 - a_3$
...	...	...	...	
k	p	$a_k = p - j_k$	$J_k = i\% * SD_{k-1}$	$SD_k = SD_{k-1} - a_k$
...	...	...	...	
n	p	$a_n = p - j_k$	$J_n = i\% * SD_{n-1}$	$SD_n = SD_{n-1} - a_n$

Figura 4.5 *Planilha Price com período de carência.*

Exemplo 4.2 Elaborar a Planilha de Pagamentos de um financiamento de $ 20.000, contratado pelo Sistema Francês de Amortização (Tabela Price) à taxa de juros de 36% ao ano com capitalização mensal, a ser pago em oito prestações mensais após um período de carência de três meses, com juros pagos durante esse período.

Solução via *Excel*

Passo 1: calcular o juro no período de carência usando $j_k = $ Taxa $* SD_{k-1}$

Passo 2: calcular a prestação no período de carência fazendo $p_k = j_k$

Passo 3: atualizar o saldo devedor, durante a carência, usando

$$SD_k = SD_{k-1} - a_k$$

Microsoft Excel - cap42005.xls

Arquivo Editar Exibir Inserir Formatar Ferramentas Dados Janela Ajuda

	A	B	C	D	E	F
1						
2		Período	Prestação	Amortização	Juro	Saldo Devedor
3						
4		0				20.000,00
5		Carência 1	600,00	0	600,00	=F4-D5
6		Carência 2		0		
7		Carência 3		0		
8		1				
9		2				

Passo 4: selecionar a 1ª linha do período de carência e arrastar até o seu final

Microsoft Excel - cap42005.xls

Arquivo Editar Exibir Inserir Formatar Ferramentas Dados Janela Ajuda

	A	B	C	D	E	F
1						
2		Período	Prestação	Amortização	Juro	Saldo Devedor
3						
4		0				20.000,00
5		Carência 1	600,00	0	600,00	20.000,00
6		Carência 2	600,00	0	600,00	20.000,00
7		Carência 3	600,00	0	600,00	**20.000,00**
8		1				
9		2				
10		3				

Passo 5: preencher o restante da planilha utilizando o procedimento descrito na solução do exemplo 4.1.

Periodo	Prestação	Amortização	Juro	Saldo Devedor
0				20.000,00
Carência 1	600,00	0	600,00	20.000,00
Carência 2	600,00	0	600,00	20.000,00
Carência 3	600,00	0	600,00	20.000,00
1	2.849,13	2.249,13	600,00	17.750,87
2	2.849,13	2.316,60	532,53	15.434,27
3	2.849,13	2.386,10	463,03	13.048,17
4	2.849,13	2.457,68	391,45	10.590,49
5	2.849,13	2.531,41	317,71	8.059,08
6	2.849,13	2.607,36	241,77	5.451,72
7	2.849,13	2.685,58	163,55	2.766,14
8	2.849,13	2.766,14	82,98	0

4.2 Sistema de Amortização Constante – SAC

O Sistema de Amortização Constante (SAC) foi muito utilizado nos anos 70 pelo extinto Banco Nacional da Habitação para financiamento de "casa própria". A característica básica desse sistema é apresentar amortizações constantes:

$$a_1 = a_2 = a_3 = \ldots a_n = a = P/N$$

Em função de a amortização ser constante, o saldo devedor, a cada prestação liquidada, decresce sempre segundo o mesmo valor. Comparativamente ao Sistema Francês, o SAC apresenta prestações iniciais superiores e, por conseqüência, o saldo devedor decresce mais rapidamente.

A Figura 4.6 ilustra, genericamente, a planilha de pagamentos de um financiamento P, contratado à taxa de juros de i, a ser saldado em N prestações.

Período	Prestação	Amortização	Juro	Saldo Devedor
0				$P = SD_0$
1	❸ $p_1 = a_1 + j_1$	❶ $a_1 = P/N$	❷ $j_1 = i\% * SD_0$	❹ $SD_1 = SD_0 - a_1$
2	$p_2 = a_2 + j_2$	$a_2 = P/N$	$j_2 = i\% * SD_1$	$SD_2 = SD_1 - a_2$
3	$p_3 = a_3 + j_3$	$a_3 = P/N$	$j_3 = i\% * SD_2$	$SD_3 = SD_2 - a_3$
...	...	...	...	
k	$p_k = a_k + j_k$	$a_k = P/N$	$j_k = i\% * SD_{k-1}$	$SD_k = SD_{k-1} - a_k$
...	...	...	...	
n	$p_n = a_n + j_n$	$a_n = P/N$	$j_n = i\% * SD_{n-1}$	$SD_n = SD_{n-1} - a_n$

Figura 4.6 *Planilha SAC.*

EXEMPLO 4.3 Elaborar a Planilha de Pagamentos de um financiamento de $ 20.000, contratado pelo Sistema de Amortização Constante (SAC) à taxa de juros de 36% ao ano com capitalização mensal, a ser pago em oito prestações mensais.

Solução via *Excel*

As telas a seguir ilustram, passo a passo, a construção da Planilha SAC.

Passo 1: calcular a amortização usando $a = P/N$

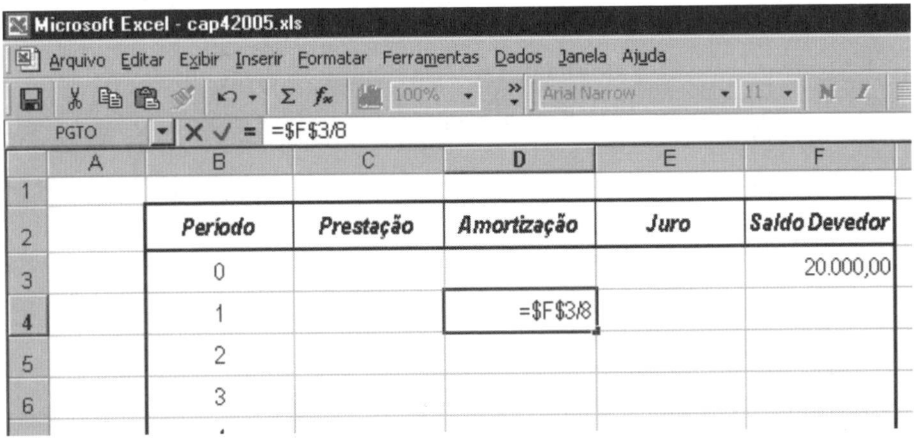

Passo 2: calcular o juro usando $j_k = \text{Taxa} * SD_{k-1}$

Passo 3: calcular a prestação usando $p_k = a_k + p_k$

Passo 4: atualizar o saldo devedor usando $SD_k = SD_{k-1} - a_k$

Passo 5: selecionar a 1ª linha e obter o sinal de arrastar para preencher a planilha

Período	Prestação	Amortização	Juro	Saldo Devedor
0				20.000,00
1	3.100,00	2.500,00	600,00	17.500,00
2				
3				

Célula C4 = =D4+E4

Passo 6: arrastar e preencher a planilha

Período	Prestação	Amortização	Juro	Saldo Devedor
0				20.000,00
1	3.100,00	2.500,00	600,00	17.500,00
2	3.025,00	2.500,00	525,00	15.000,00
3	2.950,00	2.500,00	450,00	12.500,00
4	2.875,00	2.500,00	375,00	10.000,00
5	2.800,00	2.500,00	300,00	7.500,00
6	2.725,00	2.500,00	225,00	5.000,00
7	2.650,00	2.500,00	150,00	2.500,00
8	2.575,00	2.500,00	75,00	0,00

As Figuras 4.7 e 4.8 mostram graficamente a composição das prestações ao longo do período de amortização e a evolução do saldo devedor para este exemplo.

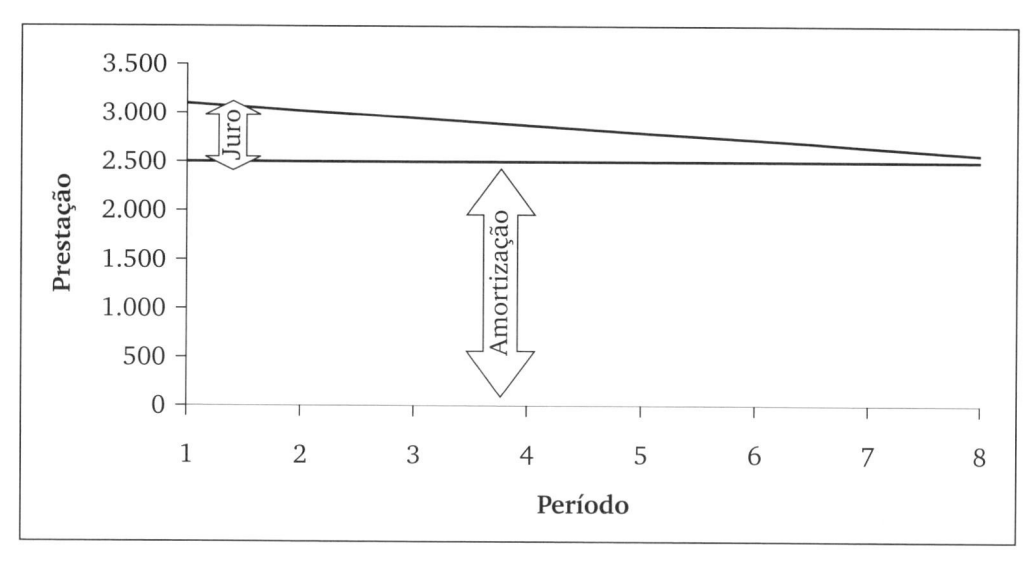

Figura 4.7 *Sistema de Amortização Constante: composição da prestação.*

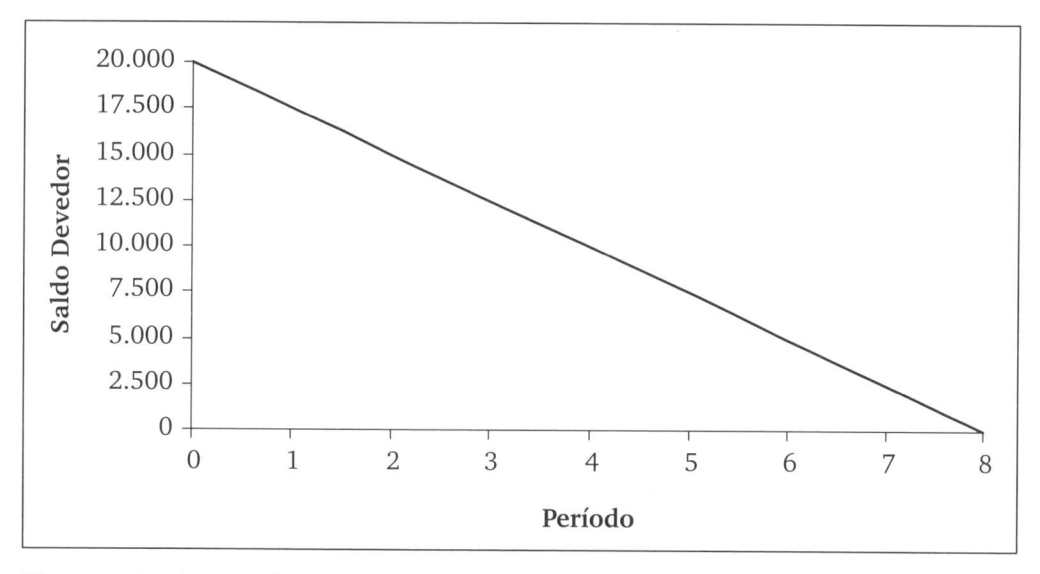

Figura 4.8 *Sistema de Amortização Constante: saldo devedor.*

4.2.1 Sistema SAC com período de carência

Durante o período de carência, como no Sistema Francês, a prestação se limita aos juros ou, alternativamente, os juros são incorporados ao saldo devedor.

EXEMPLO 4.4 Elaborar a Planilha de Pagamentos de um financiamento de $ 20.000, contratado pelo Sistema de Amortização Constante (SAC) à taxa de juros de 36% ao ano com capitalização mensal, a ser pago em oito prestações mensais após um período de carência de três meses, com juros pagos durante esse período.

Solução via *Excel*

Passo 1: calcular o juro no período de carência usando $j_k = $ Taxa $* SD_{k-1}$

Passo 2: calcular a prestação no período de carência fazendo $p_k = j_k$

Passo 3: atualizar o saldo devedor, durante o período de carência, usando
$SD_k = SD_{k-1} - a_k$

Passo 4: selecionar a 1ª linha do período de carência e arrastar até o seu final.

Passo 5: preencher o restante da planilha utilizando o procedimento descrito no Exemplo 4.3

	A	B	C	D	E	F
1						
2		*Período*	*Prestação*	*Amortização*	*Juro*	*Saldo Devedor*
3		0				20.000,00
4		Carência 1	600,00	0	600,00	20.000,00
5		Carência 2	600,00	0	600,00	20.000,00
6		Carência 3	600,00	0	600,00	20.000,00
7		1	3.100,00	2.500,00	600,00	17.500,00
8		2	3.025,00	2.500,00	525,00	15.000,00
9		3	2.950,00	2.500,00	450,00	12.500,00
10		4	2.875,00	2.500,00	375,00	10.000,00
11		5	2.800,00	2.500,00	300,00	7.500,00
12		6	2.725,00	2.500,00	225,00	5.000,00
13		7	2.650,00	2.500,00	150,00	2.500,00
14		8	2.575,00	2.500,00	75,00	0,00

4.3 Comparação entre os sistemas

Do ponto de vista do custo de capital os dois sistemas se equivalem. Pelo conceito de equivalência de fluxos de caixa isso pode ser verificado. Dois fluxos de caixa são ditos equivalentes quando, ao serem descontados à mesma taxa, por um mesmo período, produzirem o mesmo valor presente. Em ambos os sistemas, o valor presente do fluxo de desembolsos será igual ao valor do financiamento, *P*.

Entretanto, como assinalado, o Sistema de Amortização Constante envolve amortização mais rápida da dívida contraída e, portanto, do ponto de vista contábil, menor pagamento de juros. Por seu turno, o Sistema Francês apresenta a vantagem de pagamentos menores no início, o que pode ser muito importante para a maioria dos empreendimentos.

O extinto Banco Nacional de Habitação, já mencionado, utilizou também o Sistema de Amortização Misto (SAM), em que a amortização era calculada como a média aritmética das amortizações previstas na Tabela Price e no SAC.

4.4 Questões para revisão

1. Um banco de desenvolvimento liberou, a título de financiamento, $ 100.000, entregues no ato e sem prazo de carência. A taxa de juros cobrada pelo banco é de 12% ao ano e capitalizada mensalmente. Esse empréstimo deve ser pago em 20 parcelas mensais iguais (*PRICE*). Elaborar a planilha de pagamentos.

2. Elabore a Planilha *PRICE* para um financiamento de $ 120.000 a ser pago em 24 parcelas mensais. Considere juros de 2% ao mês. Elabore também um gráfico representando a prestação, decomposta em amortização e juros.

3. Elabore a Planilha *PRICE* para um financiamento de $ 120.000 a ser pago em 20 parcelas mensais após três meses de carência e com juros pagos no período da carência. Considere juros de 2% ao mês.

4. Um banco de desenvolvimento liberou, a título de financiamento, $ 100.000, entregues no ato e sem prazo de carência. A taxa de juros cobrada pelo banco é de 12% ao ano capitalizada mensalmente. Esse empréstimo deve ser pago em 20 parcelas mensais pelo SAC. Elaborar a planilha de pagamentos.

5. Elabore a Planilha SAC para um financiamento de $ 120.000 a ser pago em 18 parcelas mensais. Considere juros de 2% ao mês. Elabore também um gráfico representando a prestação decomposta em amortização e juros.

6. Elabore a Planilha SAC para um financiamento de $ 100.000 para ser pago em 24 parcelas mensais após três meses de carência e com juros pagos no período da carência. Considere juros de 2% ao mês.

7. Um financiamento *PRICE* de $ 240.000 deve ser amortizado em 120 prestações. A taxa de juros desse financiamento é de 12% ao ano, capitalizada mensalmente. Determinar, sem elaborar a planilha de pagamentos, o valor da amortização e dos juros contido na 50ª prestação.

8. Um financiamento SAC de $ 240.000 deve ser amortizado em 120 prestações. A taxa de juros desse financiamento é de 12% ao ano capitalizada mensalmente. Determinar, sem elaborar a planilha de pagamentos, o valor da 50ª prestação.

9. Um banco de desenvolvimento liberou, a título de financiamento, $ 100.000, entregues no ato e sem prazo de carência. A taxa de juros cobrada pelo banco é de 12% ao ano capitalizada mensalmente. Esse empréstimo deve ser pago em 20 parcelas mensais. O banco utiliza um sistema em que a amortização é determinada pelo valor médio entre a amortização do *PRICE* e a amortização do SAC. Elaborar a planilha de pagamentos.

10. Verificar se os fluxos de caixa resultantes dos Exercícios 1, 2 e 9 são equivalentes à taxa de 12% ao ano capitalizada mensalmente.

5

Indicadores Financeiros para Análise de Projetos de Investimentos

5.1 Projeto de investimento

Um investimento, para a empresa, é um desembolso feito visando gerar um fluxo de benefícios futuros, usualmente superior a um ano. A lógica subjacente é a de que somente se justificam sacrifícios presentes se houver perspectiva de recebimentos de benefícios futuros. Hoje, em função da própria dinâmica dos negócios, as técnicas de análise de investimentos estão sendo usadas para avaliação de empresas, de unidades de negócios e para investimentos de porte. Encontram uso também nas operações de curto prazo, como, por exemplo, nas decisões rotineiras sobre compras a vista *versus* compras a prazo.

O grande campo de aplicação das Técnicas de Análise de Investimentos, sem dúvida, ainda está associado ao processo de geração de indicadores utilizados na seleção de alternativas de investimentos e, mais recentemente, na avaliação de impacto desses investimentos no EVA (*Economic Value Added*) de unidades de negócio.

A decisão de se fazer investimento de capital é parte de um processo que envolve a geração e a avaliação das diversas alternativas que atendam às especificações técnicas dos investimentos. Após relacionadas as alternativas viáveis tecnicamente é que se analisam quais delas são atrativas financeiramente. É nessa última parte que os indicadores gerados auxiliarão o processo decisório.

Os indicadores de análise de projetos de investimentos podem ser subdivididos em dois grandes grupos: indicadores associados à rentabilidade (ganho ou criação de riqueza) do projeto e indicadores associados ao risco do projeto. Na primeira categoria estão os Valor Presente Líquido (VPL); o Valor Presente Líquido Anualizado (VPLa), a Taxa Interna de Retorno, o Índice Benefício/Custo (IBC) e o Retorno Adicional sobre o Investimento (ROIA). Na segunda categoria estão a Taxa Interna de Retorno (TIR), o Período de Recuperação do Investimento (*Pay-back*) e o Ponto de Fisher.

A rigor, esses indicadores auxiliam na percepção do comportamento esperado entre risco e retorno, ou seja, maiores riscos ensejam um aumento no retorno esperado. A Figura 5.1 ilustra o comportamento normativo da relação risco e retorno.

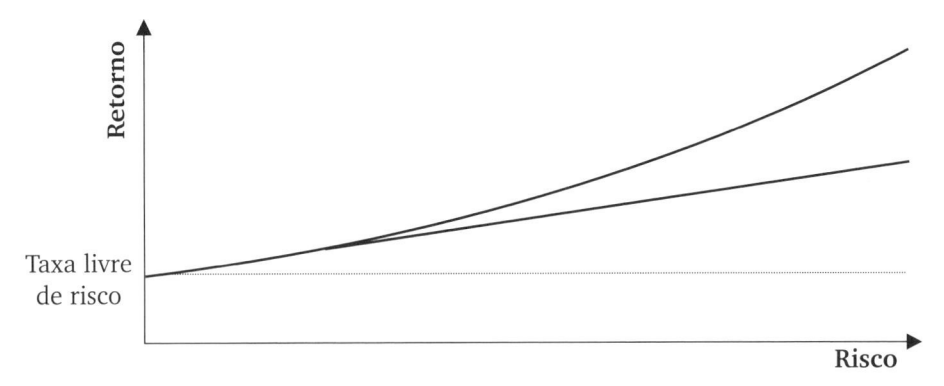

Figura 5.1 *Relação esperada entre risco e retorno.*

Fundamental para a decisão de investimento é a estimativa do retorno esperado e do grau de risco associado a esse retorno. É interessante ressaltar que os potenciais investidores não têm a mesma leitura sobre os retornos esperados e o grau de risco envolvido e, por conseqüência, farão avaliações distintas de uma mesma oportunidade de investimentos. Embora o risco não possa ser eliminado nem enquadrado em uma escala, o investidor pode melhorar a sua percepção do risco elevando o nível de informação a respeito do projeto e analisando os indicadores associados ao risco.

O Fluxo Esperado de Benefícios Futuros (CF_j) é obtido por meio de estimativas de prováveis valores para prováveis cenários, isto é, deve ser obtido em termos de distribuição de probabilidade. Não é uma tarefa trivial quando se está trabalhando com novos projetos e mercados dinâmicos, o que induz, para efeito prático, ao uso de valores médios.

A Figura 5.2 ilustra alguns dos componentes que devem ser levados em consideração quando da estimativa do Fluxo Esperado de Benefícios (CF_j).

	0	1	2	...	...	n
Investimentos						
Imóveis Instalações físicas Máquinas e equipamentos Móveis e utensílios Veículos Logiciais Capital de giro						
Fontes de financiamento						
Capital próprio Capital de terceiros						
Entradas de caixa						
Vendas a vista Vendas a prazo Receitas não operacionais Valor residual do ativo fixo Valor residual do capital de giro						
Saídas de caixa						
Amortização de financiamentos Despesas financeiras Aluguéis *Leasing* Matéria-prima Materiais auxiliares Materiais de higiene e de limpeza Utilidades (água, vapor, gás, energia,...) Manutenção e reforma Mão-de-obra do setor produtivo Outros custos de produção Honorários de diretoria Salários do setor administrativo Salários e comissões da área comercial Publicidade e propaganda Assistência ao cliente Outros custos de comercialização Impostos e taxas Outras saídas de caixa						
Saldo de Caixa	CF_0	CF_1	CF_2	...	...	CF_n

Figura 5.2 *Componentes do fluxo esperado de benefícios.*

Para efeito de análise, os Projetos de Investimentos serão representados por um diagrama denominado Fluxo de Caixa, tal como apresentado a seguir.

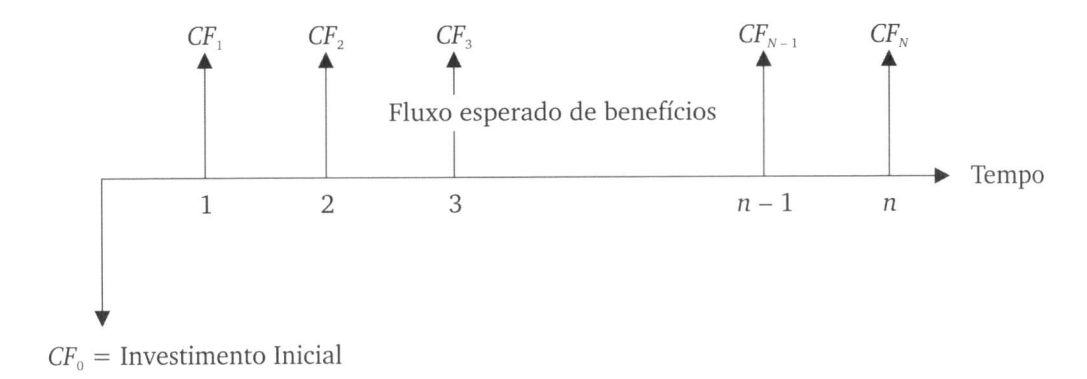

CF_0 = Investimento Inicial

De forma sucinta, investir recursos em um projeto implica transferir capital de alguma fonte de financiamento e imobilizá-lo em alguma atividade por um período de tempo denominado horizonte de planejamento. Ao término desse período, espera-se que o projeto libere recursos equivalentes àquele imobilizado inicialmente e mais aquilo que se teria ganho se o capital tivesse sido orientado para a melhor alternativa de investimento de baixo risco disponível no momento do investimento. Se o investimento for realizado com recursos próprios, a fonte de financiamento será a conta disponível. Se o investimento for feito com recursos de terceiros, a fonte de financiamento será a conta exigível de longo prazo. A Figura 5.3 ilustra o mecanismo de investimento com recursos próprios.

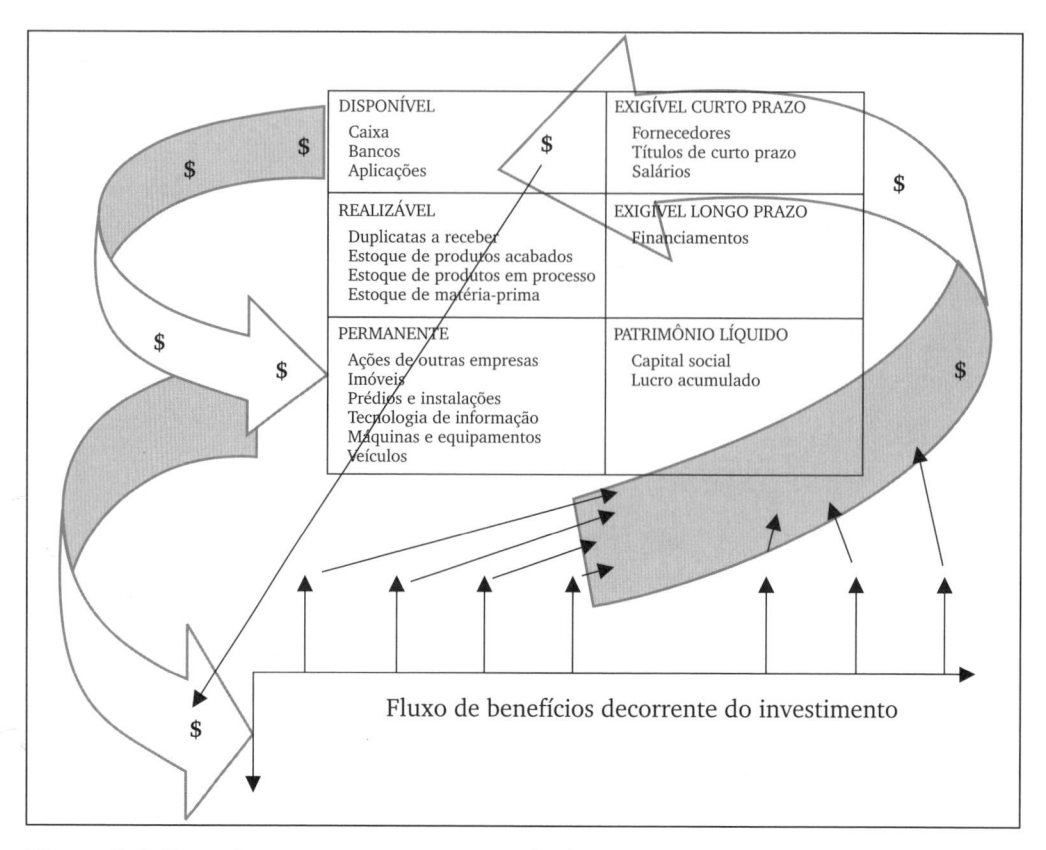

Figura 5.3 *Investimentos com recursos próprios*.

5.2 Atratividade financeira de projetos

Conceitualmente, é fácil de ser verificada a atratividade financeira de um projeto de investimento. Um projeto será atrativo se o Fluxo Esperado de Benefícios, mensurado em valores monetários, superar o valor do investimento que originou esse fluxo. A expressão a seguir ilustra o conceito básico de atratividade financeira de projetos.

$$\Sigma \text{ (Fluxo Esperado de Benefícios)} > \text{Valor do Investimento}$$
$$\text{ou}$$
$$- \text{Valor do Investimento} + \Sigma \text{ (Fluxo Esperado de Benefícios)} > 0$$

A questão remanescente é como efetuar a soma do Fluxo Esperado de Benefícios dado que cada elemento (CF_j) desse fluxo encontra-se em um período distinto de tempo, isto é, no tempo j ($j = 1, 2,..., n$) e, sabe-se, que valores monetários em tempos distintos não têm o mesmo significado. É claro que esse fato pode ser facilmente contornável se todos os valores, por meio de alguma relação de equivalência, forem posicionados em uma única data no tempo. Historicamente tem sido escolhido o tempo zero como data focal para concentrar todos os valores do fluxo de caixa e a descapitalização composta como relação de equivalência. Assim, o critério básico de atratividade poderia ser reescrito como:

$$-CF_0 + \Sigma \frac{CF_j}{(1+i)^j} > 0 \qquad \forall j = 1, 2, ..., n$$

Resta saber agora qual deve ser o valor da taxa "i" para ser usada no processo de descapitalização do fluxo de caixa. Essa taxa, que será discutida a seguir, é conhecida como Taxa de Mínima Atratividade.

5.3 Taxa de Mínima Atratividade (TMA)

Entende-se como Taxa de Mínima Atratividade a melhor taxa, com baixo grau de risco, disponível para aplicação do capital em análise. A decisão de investir sempre terá pelo menos duas alternativas para serem avaliadas: investir no projeto ou "investir na Taxa de Mínima Atratividade". Fica implícito que o capital para investimento não fica no caixa mas, sim, aplicado à TMA. Assim, o conceito de riqueza gerada deve levar em conta somente o excedente sobre aquilo que já se tem, isto é, o que será obtido além da aplicação do capital na TMA. Esse conceito, desde há muito defendido pelos economistas, denomina-se lucro residual. Mais recentemente, uma variação desse conceito de excedente tem sido tratada como Valor Econômico Agregado ou *Economic Value Added* (EVA).

A base para estabelecer uma estimativa da TMA é a taxa de juros praticada no mercado. As taxas de juros que mais impactam a TMA são: Taxa Básica Financeira (TBF); Taxa Referencial (TR); Taxa de Juros de Longo Prazo (TJLP) e Taxa do Sistema Especial de Liquidação e Custódia (SELIC).

O entrelaçamento das diversas taxas de captação e de aplicação existentes no mercado confirmam a dificuldade de estabelecer um valor exato para a Taxa de Mínima Atratividade (TMA) a ser usada na descapitalização do fluxo esperado de benefícios de um projeto de investimento. A razão dessa dificuldade é a oscilação, ao longo do tempo, das taxas que servem de piso e de teto para a TMA. Não se deve esquecer que aqui o conceito de TMA é o da melhor alternativa de investimento com baixo grau de risco disponível para aplicação. A lógica do mercado financeiro, por uma questão de sobrevivência das instituições, é que a taxa de captação seja maior do que a taxa de aplicação, definindo assim um piso e um teto para a TMA. Se isso não fosse verdade, os investidores captariam recursos a r_0 e o aplicariam nesse mesmo mercado a uma taxa $i_0 > r_0$, exaurindo os recursos do sistema. A dinâmica da economia impede que se pense no equilíbrio como um evento estático. Qualquer variação conjuntural que leve a uma expansão da base monetária (alterações nas condições de crédito, por exemplo) alterará esse equilíbrio.

A dinâmica da taxa de captação de recursos para investimentos baliza o teto para o estabelecimento da TMA. A questão agora é estabelecer o piso para a TMA. Num determinado instante, a TMA é sempre a melhor alternativa de aplicação, a um baixo grau de risco, dos recursos disponíveis para investimento. No Brasil, essa taxa seria próxima dos rendimentos da caderneta de poupança (6% ao ano mais TR). Por questão de diluição do risco seria interessante considerar a diversificação de aplicações de baixo risco disponíveis. Por essa linha de raciocínio, a TMA estaria flutuando entre a taxa de aplicação e a taxa de captação. Essa simplicidade desaparece quando se pensa no aspecto temporal dos projetos de investimentos, isto é, as decisões tomadas hoje tendem a afetar a empresa durante todo o horizonte de planejamento do projeto. Isto quer dizer que as variações futuras das taxas limites (piso e teto) afetarão os projetos em andamento. A percepção de possíveis variações para a TMA deve ser vista apenas até o momento em que se saiba que existirão outras alternativas de investimentos para análise.

Retornando à questão original de qual deva ser o valor da taxa "i" para ser usada no processo de descapitalização do fluxo de caixa, fica evidente que essa taxa deve ser a TMA da empresa. Assim, o critério básico de atratividade financeira de projetos pode ser reescrito como:

$$\text{VPL} = - CF_0 + \Sigma \ \frac{CF_j}{(1 + TMA)^j} > 0 \qquad \forall \, j = 1, 2, ..., n$$

e recebe o nome de Valor Presente Líquido. É fácil perceber que o VPL é uma função decrescente da TMA, significando que quanto maior for o piso mínimo de retorno exigido para o projeto (TMA) menor será o VPL e, por conseqüência, mais difícil fica a viabilização de projetos, isto é, encontrar projetos com VPL > 0.

Entendida a TMA como uma possibilidade real de aplicação de baixo risco dos recursos disponíveis para investimentos, pode-se pensar que, no mínimo, sempre existirão duas alternativas de investimentos: aplicar na TMA ou aplicar no projeto de investimentos. Note-se que a aplicação na TMA não agrega nenhum valor à empresa, porquanto esse é o comportamento já adotado (dinheiro em caixa não agrega riqueza). A Figura 5.4 ilustra essa situação.

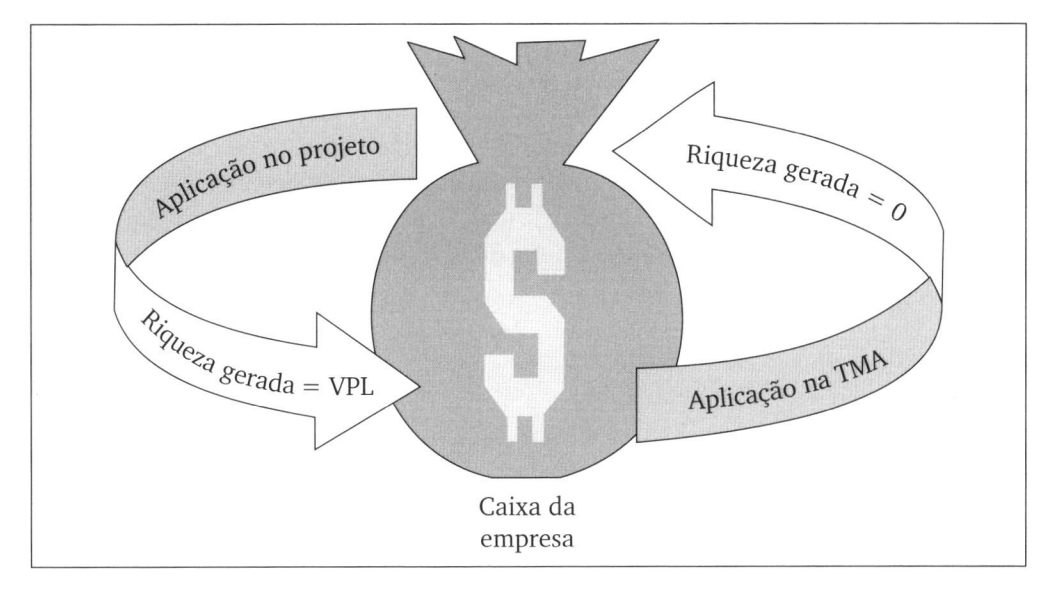

Figura 5.4 *Riqueza gerada pela aplicação na TMA ou no projeto*.

A seguir, por meio de alguns exemplos, apresentam-se os indicadores de retorno (Valor Presente Líquido, Valor Presente Líquido Anualizado, Índice Benefício/Custo, Retorno sobre Investimento Adicionado e Taxa Interna de Retorno) e de risco (Taxa Interna de Retorno, Período de Recuperação ou *Pay-back* e Ponto de Fisher) de projetos de investimento, bem como suas respectivas interpretações.

Exemplo 5.1: Uma empresa cuja Taxa de Mínima Atratividade, após o imposto de renda, é de 12% ao ano está analisando a viabilidade financeira de um novo investimento. O Fluxo de Caixa anual do projeto de investimentos em análise está representado a seguir.

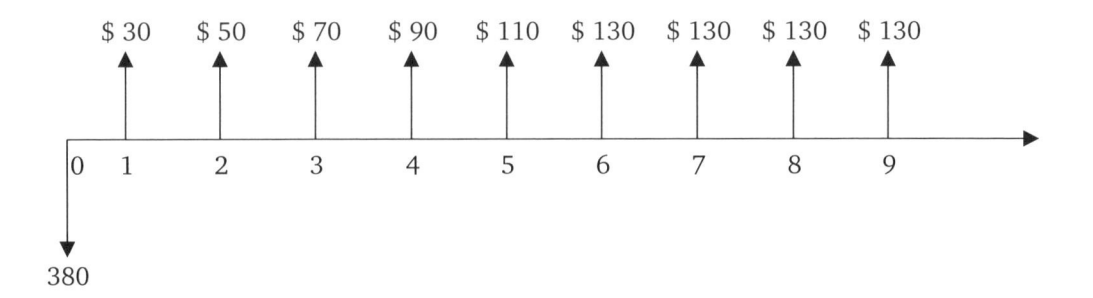

Pede-se gerar os indicadores de retorno (VPL; VPLa; IBC; ROIA) e de risco (TIR e *Pay-back*) e comentar sobre a atratividade financeira do projeto.

5.4 Método do Valor Presente Líquido

O Método do Valor Presente Líquido (VPL), com certeza, é a técnica robusta de análise de investimento mais conhecida e mais utilizada. O Valor Presente Líquido, como o próprio nome indica, nada mais é do que a concentração de todos os valores esperados de um fluxo de caixa na data zero. Para tal, usa-se como taxa de desconto a Taxa de Mínima Atratividade da empresa (TMA). Ora, o VPL é a operacionalizaçao mais simples do conceito de atratividade de projetos já discutido anteriormente. Assim, para o Fluxo de Caixa do Exemplo 5.1, o VPL seria calculado da seguinte forma:

$$VPL = -380 + \frac{30}{(1,12)^1} + \frac{50}{(1,12)^2} + \frac{70}{(1,12)^3} + \frac{90}{(1,12)^4} + \frac{110}{(1,12)^5} + \frac{130}{(1,12)^6} + \frac{130}{(1,12)^7} + \frac{130}{(1,12)^8} + \frac{130}{(1,12)^9}$$

resultando em um VPL igual a \$ 80,14. É claro que o VPL pode ser calculado de forma mais rápida com o auxílio de calculadoras financeiras ou das funções financeiras do Excel. Para esse exemplo, o procedimento de cálculo via HP12C seria o seguinte:

– 380	=>	g CF_0
30	=>	g CF_j
50	=>	g CF_j
70	=>	g CF_j
90	=>	g CF_j
110	=>	g CF_j
130	=>	g CF_j
4	=>	g N_j
12	=>	I%
f NPV	=>	80,14

Para utilizar os comandos do EXCEL basta ativar f_x → *financeira* → *VPL* e preencher os argumentos da função. As Figuras 5.5 e 5.6 ilustram essa situação.

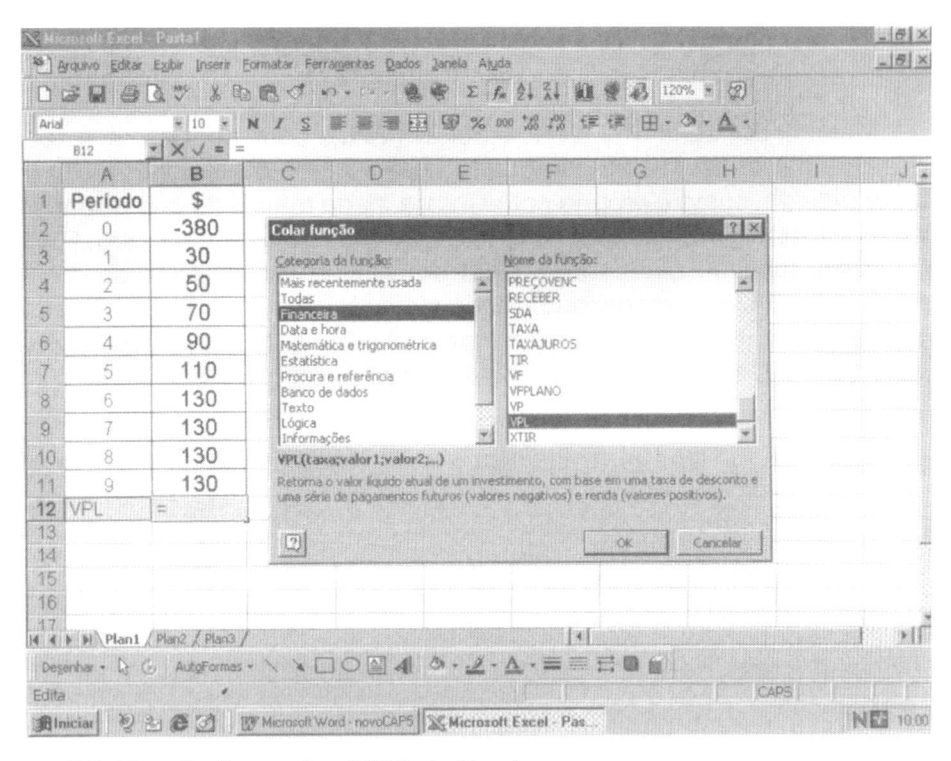

Figura 5.5 *Função financeira (VPL) do Excel.*

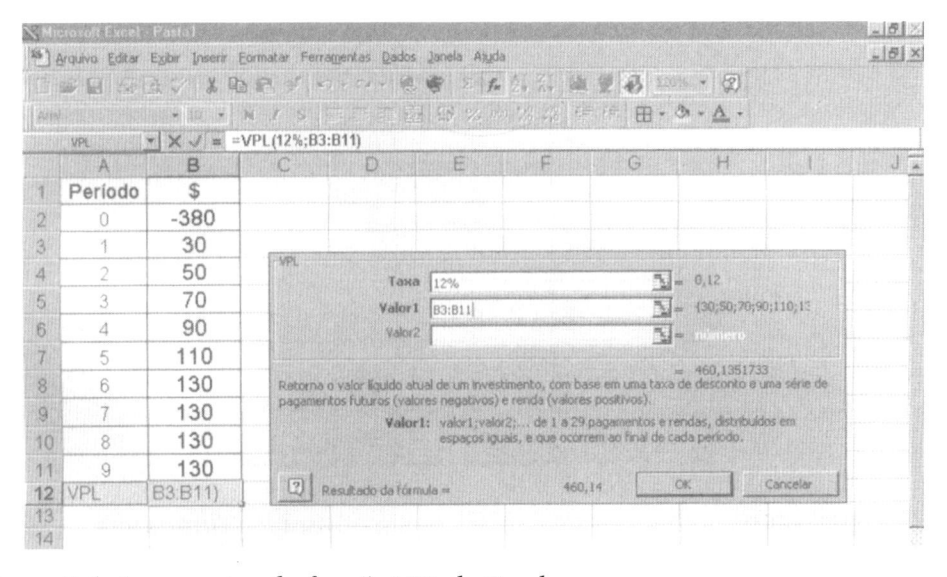

Figura 5.6 *Argumentos da função VPL do Excel.*

É importante observar que a função VPL do EXCEL apresentou um resultado de $ 460,14. Para se chegar ao valor do VPL, tem-se ainda que subtrair o investimento inicial ($ 380) para se chegar ao valor do VPL ($ 80,14).

É perceptível que o VPL de fluxos de caixa convencionais é função decrescente da taxa de desconto. A Figura 5.7 ilustra o comportamento do VPL em função da taxa de descapitalização.

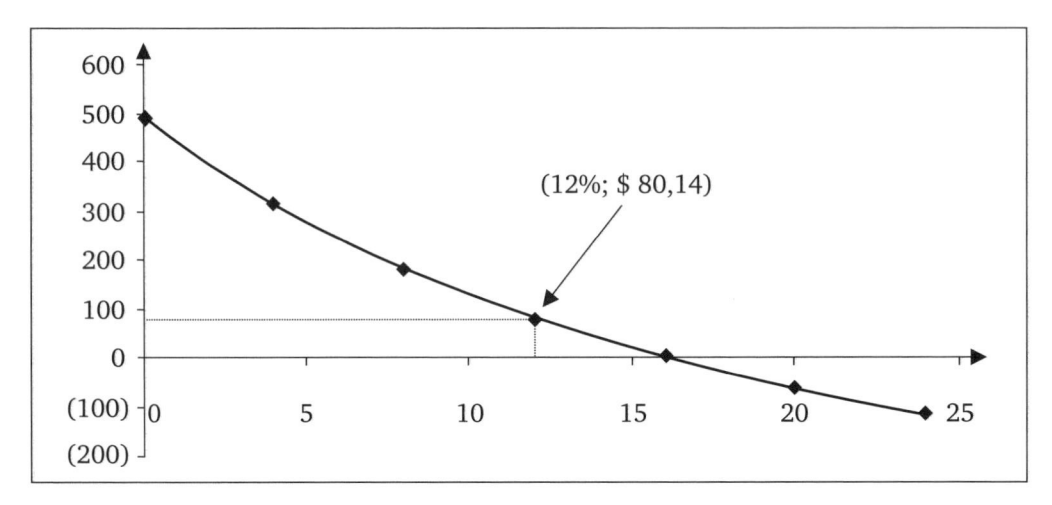

Figura 5.7 *Comportamento do VPL em função da taxa de descapitalização.*

Calculado o VPL e obtido o valor de $ 80,14, resta interpretar o que esse número significa. Pela definição de VPL, significa que o projeto consegue recuperar o investimento inicial ($ 380), remunera também aquilo que teria sido ganho se o capital para esse investimento ($ 380) tivesse sido aplicado na TMA (12% a.a.) e ainda sobram, em valores monetários de hoje, $ 80,14 (excesso de caixa). Agora, resta saber se esse número ($ 80,14) é bom ou é ruim. Em princípio, nenhum número é bom ou ruim, a menos que possa ser comparado com alguma referência. Para o VPL a regra primária de referência é a seguinte:

> VPL > 0 → indica que o projeto merece continuar sendo analisado.

A referência acima não é suficiente para saber se um projeto é atrativo ou não. Tudo que se sabe, nesse ponto, é que o fluxo esperado de benefícios deve superar os investimentos. Para saber se esse valor é suficiente para atrair o investidor, é necessário recorrer a outros indicadores.

5.5 Valor Presente Líquido anualizado (VPLa)

Algumas vezes, principalmente para projetos com horizontes de planejamento longos, a interpretação do valor monetário do VPL apresenta dificuldades para comparação. Uma alternativa é pensar em termos de um VPL médio (equivalente) para cada um dos períodos (anos) do projeto. É mais fácil para o decisor raciocinar em termos de ganho por período (análogo ao conceito contábil de lucro por período) do que em termos de ganho acumulado ao longo de diversos períodos.

O Valor Presente Líquido anualizado (VPLa), também conhecido como Valor Anual Uniforme Equivalente (VAUE), é uma variação do Método do Valor Presente Líquido. Enquanto o VPL concentra todos os valores do fluxo de caixa na data zero, no VPLa o fluxo de caixa representativo do projeto de investimento é transformado em uma série uniforme. O procedimento para essa transformação é apresentado a seguir.

$$VPLa = VPL * \frac{I * (1 + i)^N}{(1 + i)^N - 1}$$

Assim, para o projeto em análise, cuja TMA é de 12% e cujo VPL é de $ 80,14, o VPLa será igual a:

$$VPLa = \$ 80,14 * \frac{0,12 \times (1 + 0,12)^9}{(1 + 0,12)^9 - 1}$$

$$= \$ 80,14 * 0,18768$$

$$= \$ 15,04$$

Esse resultado pode ser rapidamente obtido com o auxílio de calculadoras financeiras ou com as funções financeiras do EXCEL. As instruções para a HP12C estão apresentadas a seguir.

– 80,14	⇒	PV
9	⇒	N
12	⇒	I%
PMT	⇒	15,04

Para utilizar os comandos do EXCEL, basta ativar $f_x \rightarrow$ **financeira** $\rightarrow$ **PGTO** e preencher os argumentos da função. A Figura 5.8 ilustra essa situação.

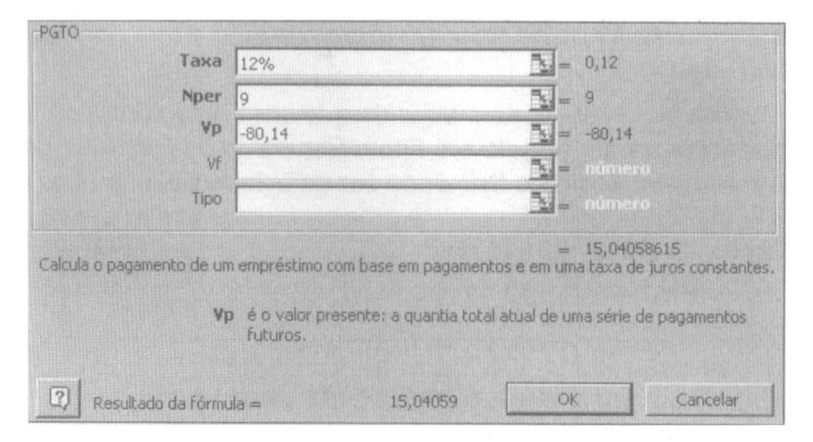

Figura 5.8 *Argumentos da função PGTO para cálculo do VPLA.*

Enquanto no VPL todos os valores do fluxo de caixa são concentrados na data zero, no VPLa o fluxo de caixa representativo do projeto de investimento é transformado em uma série uniforme. A Figura 5.9 ilustra essa situação.

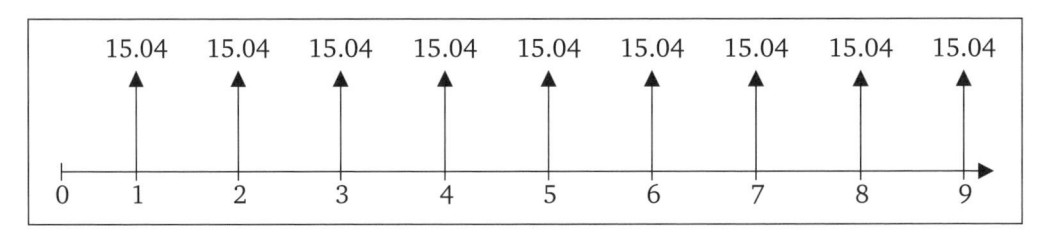

Figura 5.9 *Série uniforme representativa do VPLA.*

Toda a análise feita para o VPL, *mutatis mutandis*, se aplica ao VPLa. Assim, para o VPLa a regra primária de referência é a seguinte:

$$VPLa > 0 \rightarrow \text{indica que o projeto merece continuar sendo analisado.}$$

A referência acima não é suficiente para se decidir se o projeto é atrativo ou não. Para saber se esse valor é suficiente para atrair o investidor é necessário recorrer a outros indicadores.

5.6 Índice benefício/custo

O Índice Benefício/Custo (IBC) é uma medida de quanto se espera ganhar por unidade de capital investido. A hipótese implícita no cálculo do IBC é que os recursos liberados ao longo da vida útil do projeto sejam reinvestidos à taxa de mínima atratividade.

Genericamente, o IBC nada mais é do que uma razão entre o Fluxo Esperado de Benefícios de um projeto e o Fluxo Esperado de Investimentos necessários para realizá-lo. Assim, o IBC pode ser calculado pela fórmula:

$$IBC = \frac{\text{Valor presente do fluxo de benefícios}}{\text{Valor presente do fluxo de investimentos}}$$

Para o exemplo em análise, o valor do IBC seria igual a:

$$IBC = \frac{\$\ 460,14}{\$\ 380} = \$\ 1,21089$$

A análise do IBC, para efeito de se aceitar ou rejeitar um projeto de investimento, é análoga à do VPL. É fácil verificar que se VPL > 0, então, necessariamente, ter-se-á IBC > 1. Para o IBC, a regra primária de referência é a seguinte:

$$IBC > 1 \rightarrow \text{indica que o projeto merece continuar sendo analisado.}$$

O valor do IBC igual a 1,21 significa que, para cada $ 1 imobilizado no projeto, espera-se retirar, após o horizonte de planejamento do projeto (no caso do exemplo são nove anos), $ 1,21 após expurgado o ganho que se teria caso esse $ 1 tivesse sido aplicado na TMA. Pode-se raciocinar em termos de uma rentabilidade real esperada de 21,01% em nove anos. Note-se que essa taxa não permite comparação imediata com a TMA (12% ao ano) porquanto a mesma se refere a um período de nove anos. Uma alternativa é a de encontrar a taxa equivalente para o mesmo período da TMA. Essa alternativa apresentará a rentabilidade esperada do projeto para o mesmo período da TMA e será denominada ROIA (Retorno Adicional sobre o Investimento).

5.7 Retorno Adicional sobre o Investimento

O ROIA é a melhor estimativa de rentabilidade para um projeto de investimento. Representa, em termos percentuais, a riqueza gerada pelo projeto. Assim, o ROIA é o análogo percentual do conceito de Valor Econômico Agregado (EVA).

O ROIA deriva da taxa equivalente ao IBC para cada período do projeto. A Figura 5.10 ilustra o esquema representativo para o cálculo do ROIA.

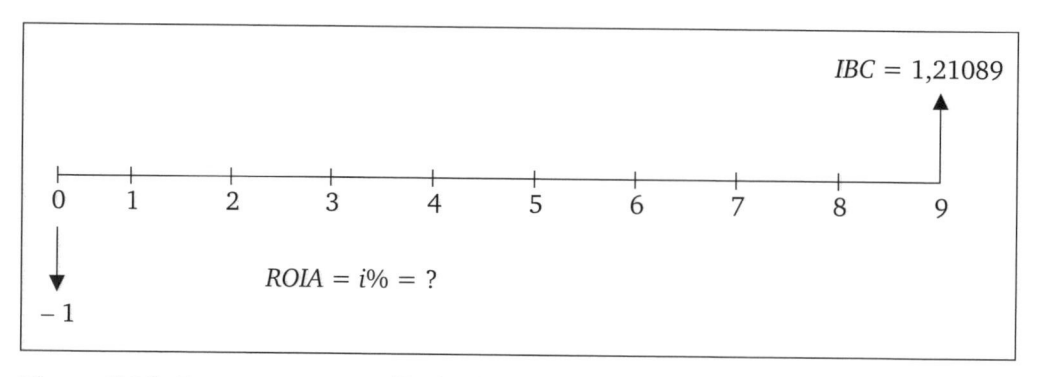

Figura 5.10 *Esquema para o cálculo do ROIA.*

O procedimento para a obtenção do ROIA, pela HP12C, está ilustrado a seguir.

– 1	$\Rightarrow$	PV
9	$\Rightarrow$	N
1,21089	$\Rightarrow$	FV
I%	$\Rightarrow$	2,15%

Para utilizar os comandos do EXCEL, basta ativar $f_x \rightarrow$ *financeira* $\rightarrow$ *Taxa* e preencher os argumentos da função. A Figura 5.11 ilustra essa situação.

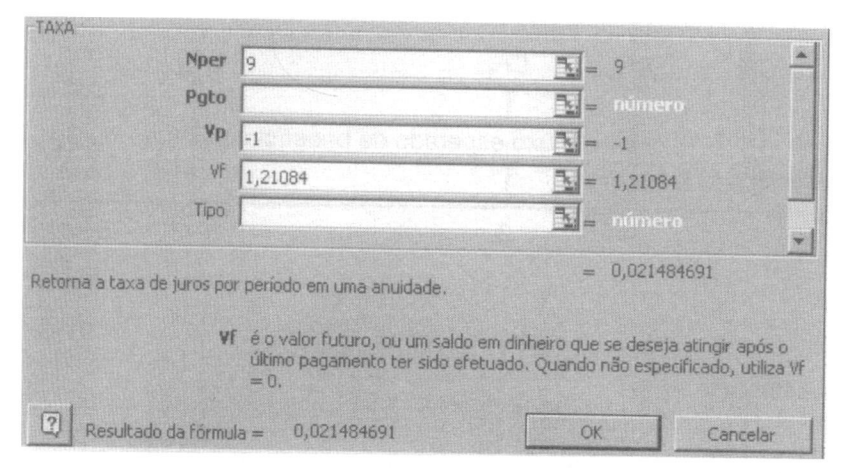

Figura 5.11 *Argumentos da função taxa para cálculo do ROIA.*

O projeto em análise apresenta um ROIA de 2,15% a.a. além da TMA (12% a.a.). Essa informação é a melhor estimativa de rentabilidade do projeto de investimento. É importante considerar que o capital disponível para investimento já teria, por definição, uma aplicação de baixo risco com retorno de 12% ao ano. A decisão, agora, se resume em discutir se vale a pena investir no projeto (assumir o risco do investimento) para se ter um adicional de ganho da ordem de 2,15% ao ano. É claro que se trata de um projeto com baixa rentabilidade, contudo, a decisão ainda depende do grau de propensão (ou aversão) ao risco do decisor.

O Quadro 5.1 sumariza os indicadores de retorno do projeto de investimento em análise.

Quadro 5.1 *Indicadores de desempenho financeiro do projeto de investimento.*

Indicadores	Valor
Valor Presente Líquido	$ 80,14
Valor Presente Anualizado	$ 15,04
Índice Benefício/Custo	1,21089
Retorno sobre Investimento Adicionado	2.15%

5.8 Taxa Interna de Retorno

A Taxa Interna de Retorno (TIR), por definição, é a taxa que torna o Valor Presente Líquido (VPL) de um fluxo de caixa igual a zero. Assim, para um fluxo de caixa genérico, tal como apresentado abaixo,

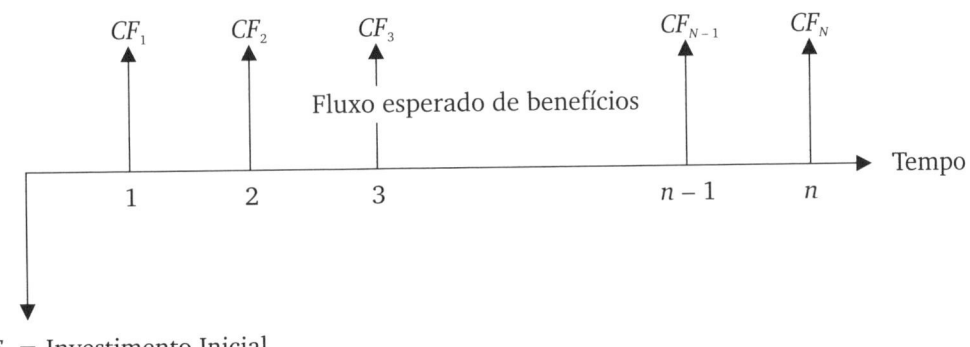

CF_0 = Investimento Inicial

a Taxa Interna de Retorno seria a taxa "i", que tornasse verdadeira a seguinte sentença:

$$VPL = \sum_{j=0}^{n} \frac{[CF_j]}{(1+i)^j} = Zero$$

Para Fluxos de Caixa convencionais, quando o VPL acumulado sucessivamente do tempo "0" até o tempo "n" muda de sinal apenas uma vez, o Valor Presente Líquido apresenta-se como uma função monótona decrescente da taxa de juros. A Figura 5.12 ilustra a situação em que o VPL se iguala a zero.

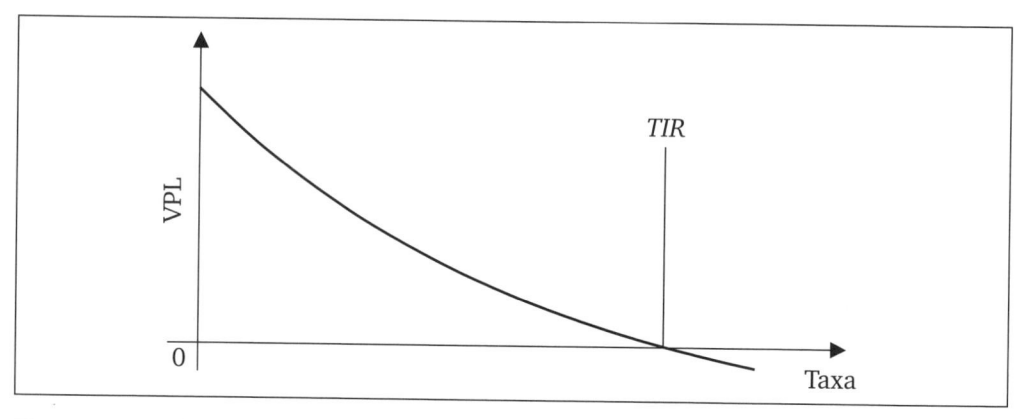

Figura 5.12 *Ilustração gráfica da TIR.*

Para o projeto em análise, a determinação da TIR consiste em encontrar uma taxa (um valor para "i") que torne a expressão abaixo verdadeira.

$$0 = -380 + \frac{30}{(1+i)^1} + \frac{50}{(1+i)^2} + \frac{70}{(1+i)^3} + \frac{90}{(1+i)^4} + \frac{110}{(1+i)^5} + \frac{130}{(1+i)^6} + \frac{130}{(1+i)^7} + \frac{130}{(1+i)^8} + \frac{130}{(1+i)^9}$$

Sem o auxílio de uma calculadora financeira, a determinação da taxa "i" (TIR), que torna a expressão acima verdadeira, pode ser um trabalho enfadonho. Um procedimento genérico e simples para a solução do problema acima é o de tentativa e erros com aproximações sucessivas apresentado no Anexo 5.1.

O procedimento para cálculo da TIR com a HP12C é bastante simples:

– 380	=>	g CF_0
30	=>	g CF_j
50	=>	g CF_j
70	=>	g CF_j
90	=>	g CF_j
110	=>	g CF_j
130	=>	g CF_j
4	=>	g N_j
f IRR	=>	16,1865%

Para utilizar os comandos do EXCEL, basta ativar $f_x \to$ *financeira* $\to$ *TIR* e preencher as argumentos da função. A Figura 5.13 ilustra essa situação.

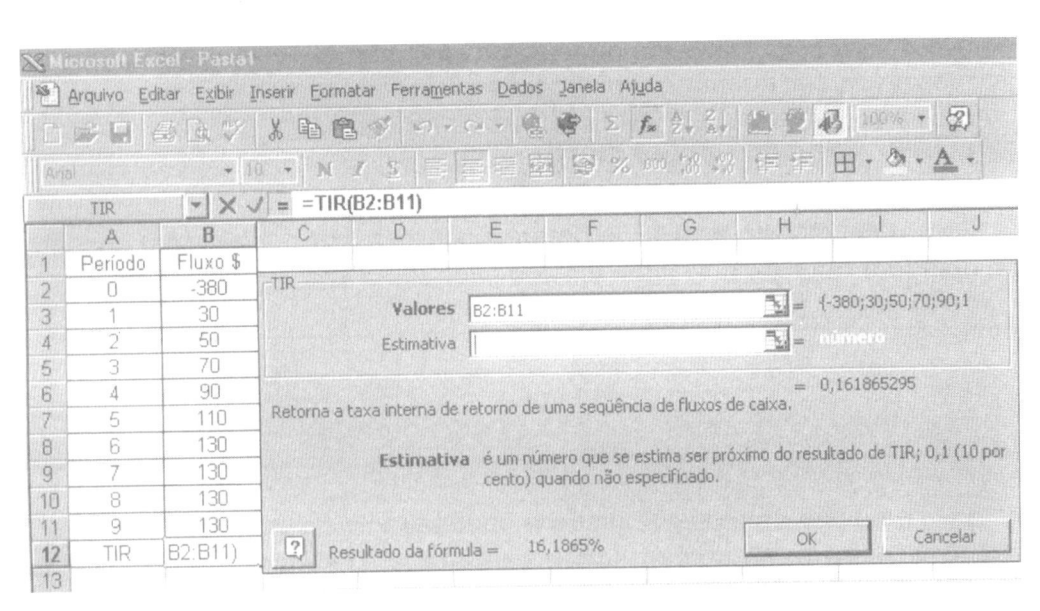

Figura 5.13 *Argumentos da função TIR.*

Resolvida a questão de como calcular a TIR de um fluxo de caixa, resta saber como essa informação pode ser usada no processo de avaliação de alternativas de investimentos. A TIR tanto pode ser usada para analisar a dimensão retorno como também para analisar a dimensão risco.

Na dimensão retorno ela pode ser interpretada como um limite superior para a rentabilidade de um projeto de investimento. Essa informação só é relevante se, para o projeto em análise, não se souber qual o valor da TMA. Caso se saiba o valor da TMA, então a estimativa de rentabilidade do projeto pode ser calculada (ROIA) e a TIR não melhora a informação já disponível. Para o projeto em análise, com TMA igual a 12% a.a. e ROIA igual 2,15% a.a., tem-se a seguinte relação:

$$[(1+TMA) * (1+ROIA) - 1] < TIR$$

A regra primária de referência para uso da TIR, como medida de retorno, é a seguinte:

TIR > TMA → indica que há mais ganho investindo-se no projeto do que na TMA.

A Figura 5.14 ilustra o comportamento esperado entre TIR e TMA para projetos de investimento.

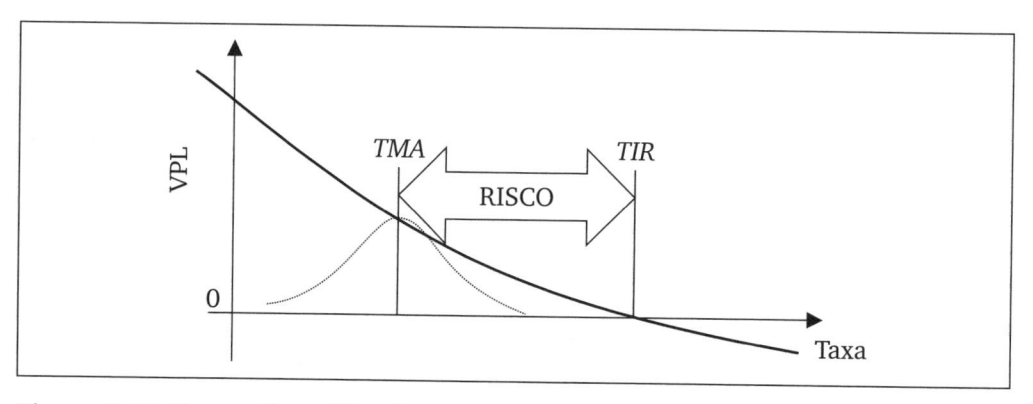

Figura 5.14 *Ilustração gráfica da TIR.*

Um dos enganos mais comuns é referir-se à TIR como a rentabilidade do projeto. A Tabela 5.1 mostra que o retorno de 16,1865% (TIR) só será obtido se os recursos liberados pelo projeto puderem ser reinvestidos a uma taxa igual à TIR.

Tabela 5.1 *Capitalização dos recursos liberados pelo projeto.*

Período "k"	Fluxo de caixa	Recursos liberados pelo projeto e capitalizados à TIR por n – k períodos	Recursos liberados pelo projeto e capitalizados à TMA por n – k períodos
0	– 380		
1	30	99,62	74,28
2	50	142,91	110,53
3	70	172,20	138,17
4	90	190,56	158,61
5	110	200,45	173,09
6	130	203,90	182,64
7	130	175,49	163,07
8	130	151,04	145,60
9	130	130,00	130,00
Valor futuro		**1.466,17**	**1.275,99**
Taxa de retorno		16,1865%	14,407%

O fluxo de caixa resultante do reinvestimento dos recursos a 16,1865% (TIR) está apresentado na Figura 5.15.

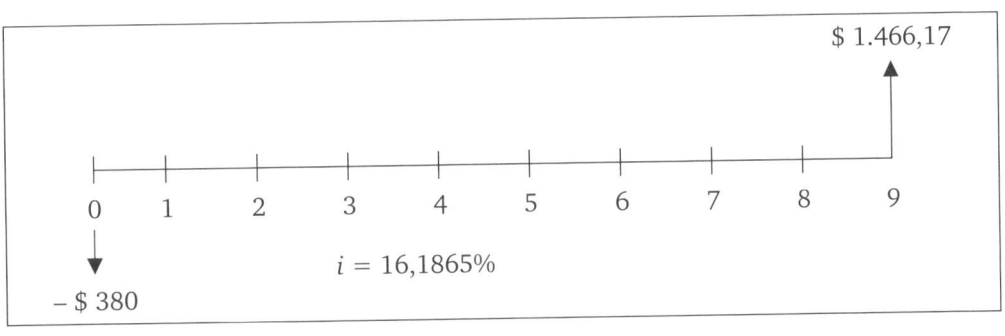

Figura 5.15 *Fluxo de caixa resultante da aplicação dos recursos liberados à TIR.*

Ora, por definição, a melhor alternativa de aplicação para os recursos liberados pelo projeto é a TMA (taxa de aplicação com baixo grau de risco). Então, a TIR somente poderá ser considerada como representativa da rentabilidade do projeto se houver uma coincidência de valores entre as taxas, isto é, TIR igual à TMA.

Ainda, da Tabela 5.1, verifica-se que se os recursos liberados pelo projeto forem aplicados à TMA, então o retorno sobre o capital investido será de 14,407% a.a., tal como apresentado na Figura 5.16.

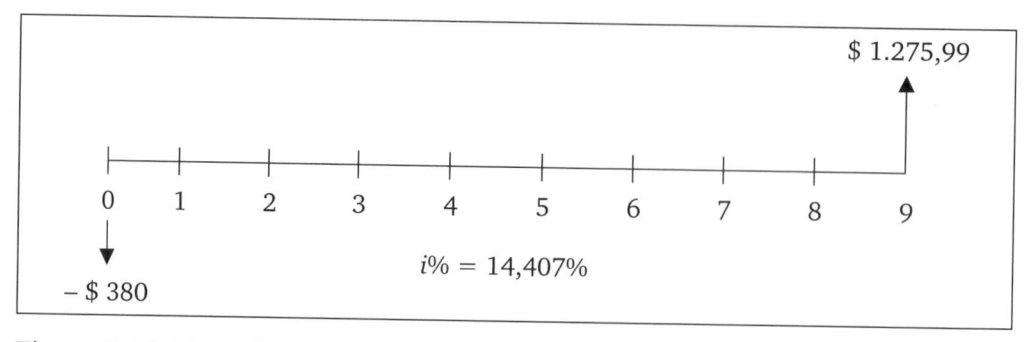

Figura 5.16 *Fluxo de caixa resultante da aplicação dos recursos aplicados à TMA.*

Resta agora interpretar qual o significado desse valor. Definiu-se, anteriormente, o ROIA (2,1486% a.a.) como a melhor estimativa de rentabilidade para o projeto em análise, após expurgado o efeito da TMA. Ora, sendo a TMA igual a 12% a.a. e expurgando-se o seu efeito retorno 14,407% a.a., chega-se a:

$$[(1 + 0,14407)/(1 + 0,12) - 1] = 2,15 = ROIA$$

ou seja, o retorno de 14,407% a.a. é o mesmo que o ROIA (2,15% a.a.) porém com o efeito cruzado da TMA. Dessa forma, a TIR, na melhor das hipóteses, pode ser interpretada como um limite superior para a estimativa de rentabilidade do projeto, tal como mostrado a seguir.

$$[(1 + TMA) * (1 + ROIA) - 1] < TIR$$
$$ou$$
$$14,407\% < 16,1865\%$$

Pela dimensão risco, a informação da TIR é mais relevante. Aceitando-se o fato de que a TMA flutua segundo as mudanças nas taxas de juros da economia, então pode-se pensar na TMA como uma variável, cujo limite inferior é a taxa livre de risco que também flutua ao longo do tempo. Ora, sabendo-se que, dada uma TMA, o VPL representa o ganho (EVA) associado ao projeto de investimento, e que a TIR é a taxa que zera esse VPL, então ela pode ser interpretada como um limite superior para a variabilidade da TMA. Isso decorre do fato de o VPL (ganho) ir decrescendo à medida que a TMA se aproxima da TIR. Se a TMA for igual à TIR, então o ganho do projeto será igual a zero. Se a TMA for maior do que a TIR, então a empresa estará em melhor situação não investindo no projeto. O critério de referência para uso da TIR como medida de risco é o seguinte:

> TIR próxima à TMA → O risco do projeto aumenta segundo a proximidade dessas taxas.

A Figura 5.17 ilustra graficamente o comportamento do VPL e a posição dessas taxas para o projeto em análise. Esse gráfico pode ser feito rapidamente com os recursos (gráfico de dispersão) do EXCEL.

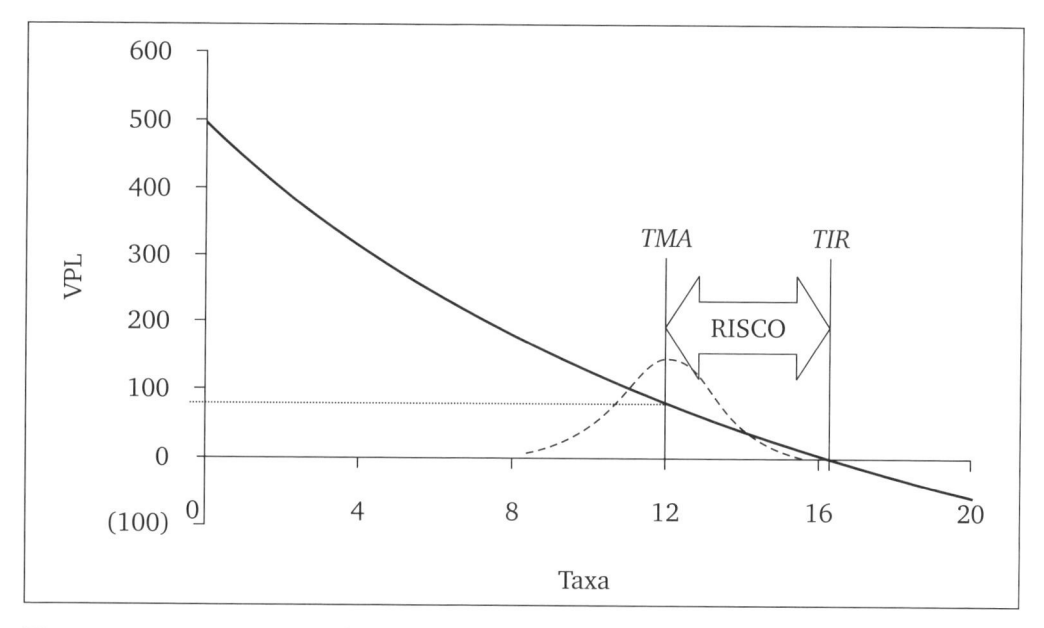

Figura 5.17 *TIR como medida de risco do projeto*.

Para o projeto em análise, a TIR encontra-se distante da TMA (4 pontos percentuais em uma base de 12%) apontando para um projeto de baixo risco no que tange ao retorno financeiro do investimento. Essa situação era esperada, dado o comportamento normativo da relação risco retorno. Como esse projeto está apresentando baixa rentabilidade, é normal que também esteja associado a ele um baixo risco.

5.9 Período de recuperação do investimento (*Pay-back*)

Um outro indicador de risco de projetos de investimentos é o Período de Recuperação do Investimento ou *Pay-back*. Em contextos dinâmicos, como o de economias globalizadas, esse indicador assume importância no processo de decisões de investimentos. Como a tendência é a de mudanças contínuas e acentuadas na economia, não se pode esperar muito para recuperar o capital investido sob pena de se alijar das próximas oportunidades de investimentos.

O *Pay-back* nada mais é do que o número de períodos necessários para que o fluxo de benefícios supere o capital investido. A Tabela 5.2 ilustra a recuperação do capital ($ 380) para o projeto em análise.

Tabela 5.2 *Capital recuperado em "k" períodos.*

Período "k"	Fluxo de caixa	Valor recuperado com "k" parcelas
0	0	
1	30	26,79
2	50	66,65
3	70	116,47
4	90	173,67
5	110	236,08
6	130	301,95
7	130	360,75
8	130	413,26
9	130	460,14

Verifica-se então que o investimento inicial de $ 380 seria recuperado entre sete e oito anos. Com o uso de calculadora financeira (HP12C) o procedimento para o cálculo do capital recuperado é bastante simples, conforme demonstrado a seguir.

0	$\Rightarrow$	g CF$_0$
30	$\Rightarrow$	g CF_j
12%	$\Rightarrow$	I%
f NPV	$\Rightarrow$	26,79
50	$\Rightarrow$	g CF_j
f NPV	$\Rightarrow$	66,65
70	$\Rightarrow$	g CF_j
f NPV	$\Rightarrow$	116,47
90	$\Rightarrow$	g CF_j
f NPV	$\Rightarrow$	173,67

110	$\Rightarrow$	g CF_j
f NPV	$\Rightarrow$	236,08
130	$\Rightarrow$	g CF_j
f NPV	$\Rightarrow$	301,95
130	$\Rightarrow$	g CF_j
f NPV	$\Rightarrow$	360,75	$\longleftarrow$
130	$\Rightarrow$	g CF_j
f NPV	$\Rightarrow$	413,26	$\longleftarrow$
130	$\Rightarrow$	g CF_j
f NPV	$\Rightarrow$	460,14

A Figura 5.18 ilustra a recuperação do capital investido ao longo do horizonte de planejamento do projeto.

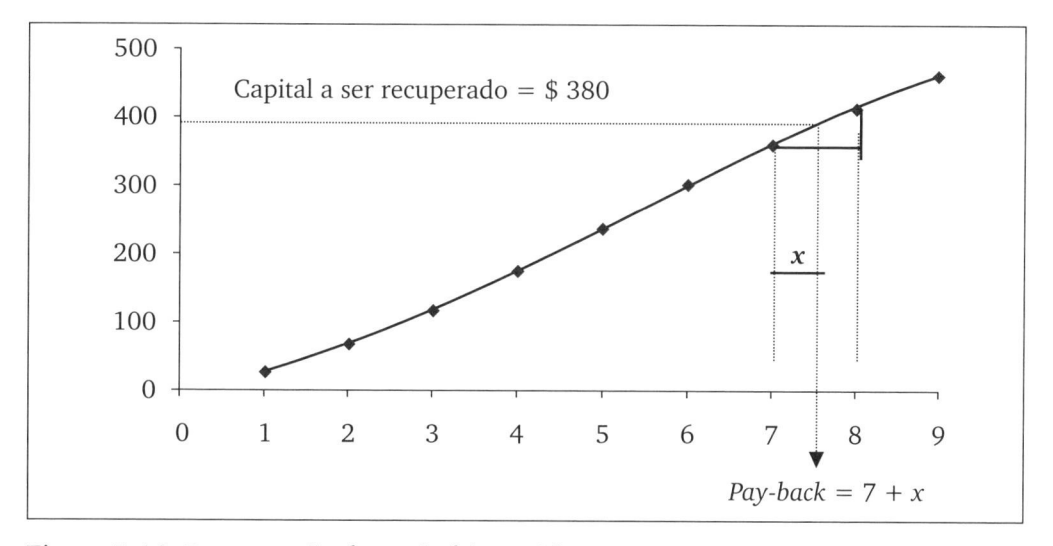

Figura 5.18 *Recuperação do capital investido*.

O valor de "x" pode ser facilmente obtido por semelhança de triângulos.

$$\frac{\text{Base do triângulo menor}}{\text{Altura do triângulo menor}} = \frac{\text{Base do triângulo maior}}{\text{Altura do triângulo maior}}$$

$$\frac{x}{380 - 360,75} = \frac{8 - 7}{413,26 - 360,75}$$

Da expressão acima resulta "x" igual a 0,37. Assim, o Período de Recuperação (*Pay-back*) para o projeto em análise é 7,37. Para o *Pay-back*, a regra primária de referência é a seguinte:

> O risco do projeto aumenta à medida que o *Pay-back* se aproxima do final do horizonte de planejamento.

Já foi visto anteriormente que se tratava de um projeto com baixa rentabilidade e baixo risco. A liberação da informação de que o projeto irá demorar 7,37 anos (em 9 anos de horizonte de planejamento) para recuperar o capital investido amplia a percepção de risco sobre o investimento. O projeto não é de tão baixo risco como apontado pela distância entre a TIR e a TMA.

O Quadro 5.2 sumariza os indicadores de análise gerados para o projeto de investimento em consideração.

Quadro 5.2 *Indicadores de análise do projeto de investimento.*

Indicadores	Valor
Valor Presente Líquido	$ 80,14
Valor Presente Líquido Anualizado	$ 15,04
Indica Benefício/Custo	1,21089
Retorno sobre Investimento Adicionado	2,15%
Retorno sobre Investimento	14,407%
Taxa Interna de Retomo	16,1865%
Pay-back	7,37

Exemplo 5.2: Vamos supor que tenhamos de escolher qual a melhor alternativa de investimentos, entre três projetos (A, B e C) mutuamente exclusivos. A Taxa Mínima de Atratividade considerada será de 10% ao ano. Os dados relevantes para a análise estão no quadro abaixo.

Período	Projeto A	Projeto B	Projeto C
0	– 42.000	– 50.000	– 20.000
1	8.000	20.000	8.000
2	– 9.500	10.000	6.000

Período	Projeto A	Projeto B	Projeto C
3	10.500	10.000	6.000
4	14.500	15.000	4.000
5	16.500	15.000	4.000

Solução: O Quadro 5.3 apresenta os valores dos indicadores utilizados na análise de atratividade de projetos. Alguns enganos são cometidos na seleção da melhor alternativa de investimentos quando esses indicadores não são devidamente interpretados.

Quadro 5.3 *Indicadores de análise de projetos de investimentos.*

Método	Projetos			Decisão Preliminar
	A	B	C	
VPL	$ 1.161,67	$ 3.518,45	$ 1.955,03	B
VPLa	$ 306,45	$ 928,16	$ 515,73	B
IBC	1,03	1,07	1,10	C
ROIA	0,55%	1,37%	1,88%	C
ROI	10,60%	11,51%	12,07%	C
TIR	10,95%	12,83%	14,31%	C
Pay-back	4,89	4,62	4,21	C

Fica evidente o conflito entre alguns indicadores. Em se tratando de métodos de análise todos deveriam apontar para a mesma direção. O consenso parece existir somente com respeito ao Projeto **A** dado que foi rejeitado por todos os indicadores gerados, isto é, trata-se de um projeto dominado na dimensão risco-retorno (mais risco com menor ganho). Por essa razão, concentrar-se-á a análise apenas nos indicadores dos Projetos **B** e **C**. A seguir, ilustrar-se-á o procedimento de cálculo desses indicadores.

CÁLCULO DO VPL E DA TIR USANDO HP12C

Projeto B

– 50.000	⇒	g CF_0
20.000	⇒	g CF_j
20.000	⇒	g CF_j
10.000	⇒	g CF_j
15.000	⇒	g CF_j
15.000	⇒	g CF_j
10	⇒	I%
f NPV	⇒	3.518
f IRR	⇒	12,83

Projeto C

– 20.000	⇒	g CF_0
8.000	⇒	g CF_j
6.000	⇒	g CF_j
6.000	⇒	g CF_j
4.000	⇒	g CF_j
4.000	⇒	g CF_j
10	⇒	I%
f NPV	⇒	1955
f IRR	⇒	14,31j

CÁLCULO DO VPLa USANDO HP12C

Projeto B

– 3,518,45	⇒	PV
5	⇒	N
10	⇒	I%
PMT	⇒	928,16

Projeto C

– 1.955,03	⇒	PV
5	⇒	N
10	⇒	I%
PMT	⇒	515,73

CÁLCULO DO IBC

Projeto B

(50.000 + 3.518,45)/(50.000) = 1,0704

Projeto C

(20.000 + 1.955,03)/(20.000) = 1,0978

CÁLCULO DO ROIA USANDO HP12C

Projeto B

– 1	⇒	PV
5	⇒	N
1,0704	⇒	FV
I%	⇒	1,37

Projeto C

– 1	⇒	PV
5	⇒	N
1,0978	⇒	FV
I%	⇒	1,88

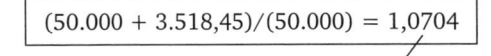

CÁLCULO DO ROI

Projeto B	Projeto C
$(1 + 0{,}10) * (1 + 0{,}13694) - 1 = 11{,}51\%$	$(1 + 0{,}10) * (1 + 0{,}018828) - 1 = 12{,}07\%$

CÁLCULO DO *PAY-BACK* USANDO HP12C

Projeto B

0	$\Rightarrow$	g CF_0
20.000	$\Rightarrow$	g CF_j
10%	$\Rightarrow$	I%
f NPV	$\Rightarrow$	18.181,82
10.000	$\Rightarrow$	g CF_j
f NPV	$\Rightarrow$	26.446,28
10.000	$\Rightarrow$	g CF
f NPV	$\Rightarrow$	33.959,43
15.000	$\Rightarrow$	g CF_j
f NPV	$\Rightarrow$	44.204,63 ←
15.000	$\Rightarrow$	g CF_j
f NPV	$\Rightarrow$	53.518,45 ←

Projeto C

0	$\Rightarrow$	g CF_0
80.000	$\Rightarrow$	g CF_j
10%	$\Rightarrow$	I%
f NPV	$\Rightarrow$	7.272,73
6.000	$\Rightarrow$	g CF_j
f NPV	$\Rightarrow$	12.231,40
6.000	$\Rightarrow$	g CF
f NPV	$\Rightarrow$	16.739,29
4.000	$\Rightarrow$	g CF_j
f NPV	$\Rightarrow$	19.471,35 ←
4.000	$\Rightarrow$	g CF_j
f NPV	$\Rightarrow$	21.995,03 ←

$$= 4 + \frac{50.000{,}00 - 44.204{,}63}{53.518{,}45 - 44.204{,}63} = 462$$

$$= 4 + \frac{50.000{,}00 - 44.204{,}63}{53.518{,}45 - 44.204{,}63} = 4{,}21$$

Reinterpretação do problema

O problema não está em identificar o desempenho isolado de cada projeto, mas sim o impacto que cada um deles vai provocar na rentabilidade da empresa. Na falta de informações adicionais, o pressuposto é que existe, no mínimo, $ 50.000 para investir em projetos. Assim, o problema se resume em escolher uma entre duas decisões possíveis, quais sejam:

1. aplicar todo o capital disponível para investimento no Projeto B;
2. aplicar $ 20.000 no Projeto C e o saldo remanescente ($ 30.000) permanecer aplicado na TMA.

A Figura 5.19 ilustra as alternativas existentes, no momento, para uso dos $ 50.000 disponíveis para investimentos em projetos.

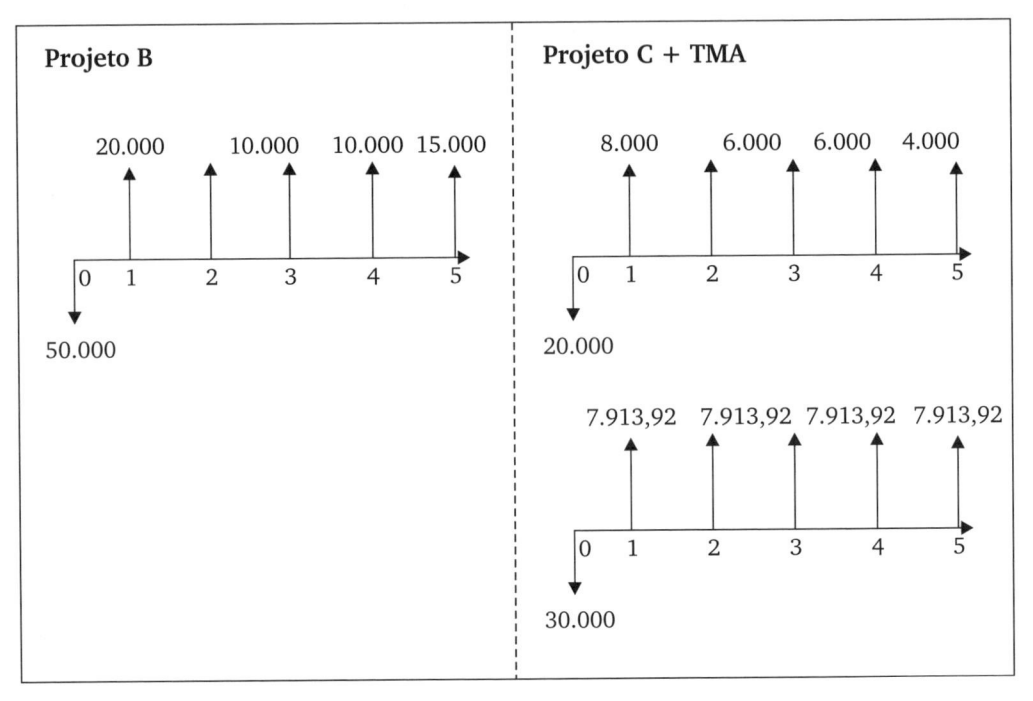

Figura 5.19 *Alternativas de utilização do capital disponível para investimentos.*

Agora é possível recalcular, usando os procedimentos anteriormente descritos, alguns dos indicadores para a "Decisão Projeto C", cujo fluxo de caixa está apresentado a seguir.

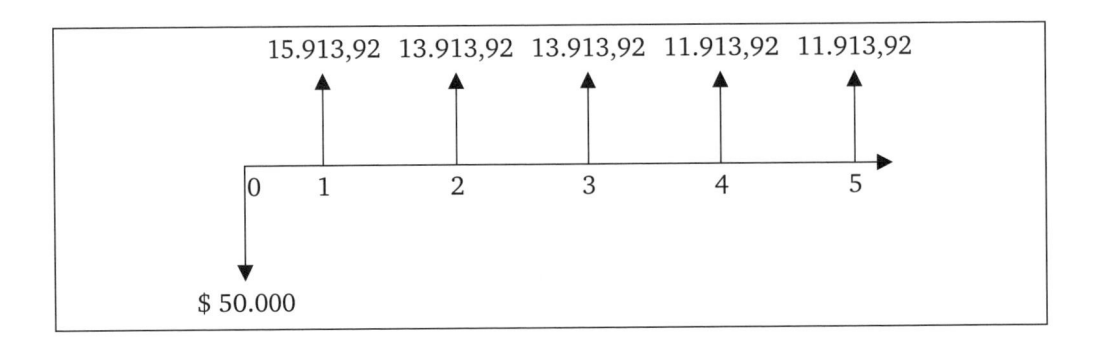

O Quadro 5.4 apresenta o resultado de alguns indicadores associados à "Decisão Projeto C".

Quadro 5.4 *Indicadores associados à "Decisão Projeto C".*

Método	$ 20.000 no Projeto C + $ 20.000 na TMA
VPL	1.955,03
VPLa	515,73
IBC	1,039
ROIA	0,77%
ROI	10,85%
TIR	11,60%
Pay-back	4,21

Interpretação e análise dos resultados

Nota-se que o valor do VPL e do VPLa não se alteraram. Isso não acontece por acaso. O investimento de $ 20.000 na TMA não gera riqueza para a empresa, porquanto esse já é o comportamento esperado da empresa. O Capital Flutuante de $ 20.000, na verdade, já está aplicado na TMA. Os indicadores relativos de rentabilidade (IBC, ROIA e ROI) sofrem alteração em virtude da rentabilidade total da decisão ser decorrente de uma ponderação entre o que foi aplicado no Projeto C (14,31% a.a.) e o que ficou investido na TMA (10% a.a.).

A TIR, como limite superior de rentabilidade, foi reduzida de 14,31% a.a. para 11,60% a.a. É importante ressaltar que a TIR, como medida risco (porque o risco é do projeto e não da empresa) permanece igual a 14,31%. Dadas essas explicações pode-se comparar os indicadores obtidos. O Quadro 5.5 sumariza esses indicadores para posterior análise.

Quadro 5.5 *Indicadores de análise de projetos de investimentos.*

Indicador	Decisão Projeto B	Decisão Projeto C	Direção do Indicador
VPL	$ 3.518,45	$ 1.955,03	B
VPLa	$ 928,16	$ 515,73	B
IBC	1,07	1,04	B
ROIA	1,37%	0,77%	B
ROI	11,51%	10,85%	B
TIR como limite de rentabilidade	12,83%	11,60%	B
TIR como medida de risco	12,83%	14,31%	C
Pay-back	4,62	4,21	C

A rentabilidade (ROIA) de ambos os projetos é baixa. O ROIA, análogo do EVA para projetos, é o percentual de ganho, por ter-se tomado a decisão de investir. É efetivamente a expectativa de riqueza gerada pela decisão tomada. Ora, será que 1,37% a.a. (Projeto B) ou 0,77% a.a. (Projeto C) motivaria algum investidor a assumir risco, dado que já se está operando em um patamar de 10% a.a. (TMA), quase livre de risco?

O risco do projeto é medido pela proximidade entre a TIR e a TMA. O Projeto C é o que apresenta menor risco (maior distância entre a TIR e a TMA). Embora o Projeto C tenha menor rentabilidade nada o impede de ser selecionado por um investidor mais avesso ao risco. A Figura 5.20 ilustra o comportamento do ganho e do risco associado aos dois projetos.

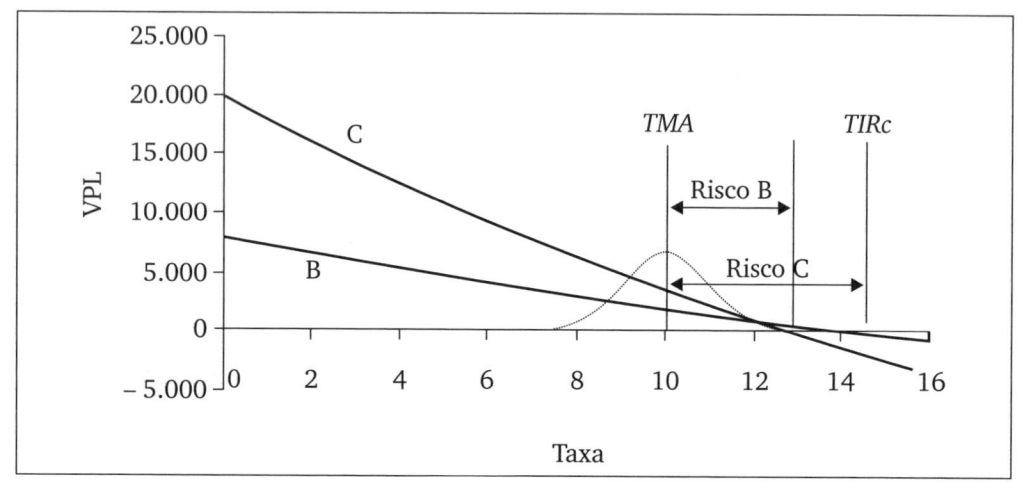

Figura 5.20 *Relação risco-retorno dos projetos em análise.*

No tocante à dimensão risco percebe-se que ambos os projetos apresentam *Pay-back* no último período do horizonte de planejamento. Esse fato eleva a percepção de risco de ambos os projetos. Considerando-se a baixa rentabilidade, nenhum dos projetos apresenta atratividade para ser selecionado.

5.10 Ponto de Fisher como medida de risco

Uma outra análise da dimensão risco pode ser feita por meio do Ponto de Fisher. Nessa análise, tendo em vista o comportamento normativo do binômio risco-retorno (mais ganhos só assumindo mais risco), Fisher preconiza a existência de um limite para a variabilidade da TMA em que o investidor, em termos de ganho, seria indiferente entre duas alternativas de investimentos. Ora, para o investidor ser indiferente é necessário que ambas as alternativas apresentem o mesmo VPL permitindo, matematicamente, que para uma taxa genérica, se igualem as expressões dos VPLs dos projetos. Ao se igualar as expressões dos VPLs resulta um fluxo de caixa igual à diferença dos fluxos de caixas originais que deve ser igualado a zero. A taxa que torna um fluxo de caixa qualquer igual a zero é, por definição, a Taxa Interna de Retorno (TIR) desse fluxo. A Tabela 5.3 ilustra um procedimento simples (usando-se o EXCEL) para cálculo do Ponto de Fisher.

Tabela 5.3 *Procedimento para o cálculo do ponto de Fisher.*

Período	Projeto B	Projeto C	Fluxo de Fisher B – C
0	– 50.000	20.000	– 30.000
1	20.000	8.000	12.000
2	10.000	6.000	4.000
3	10.000	6.000	4.000
4	15.000	4.000	11.000
5	15.000	4.000	11.000
TIR	12,83%	14,31%	**11,98%**

A TIR de 11,98% do projeto fictício B – C é o Ponto de Fisher. Para uma TMA de 11,98% ambos os projetos (B e C) apresentariam o mesmo VPL tornando o investidor, em termos de ganho, indiferente entre as duas alternativas de investimentos. A Figura 5.21 ilustra essa situação.

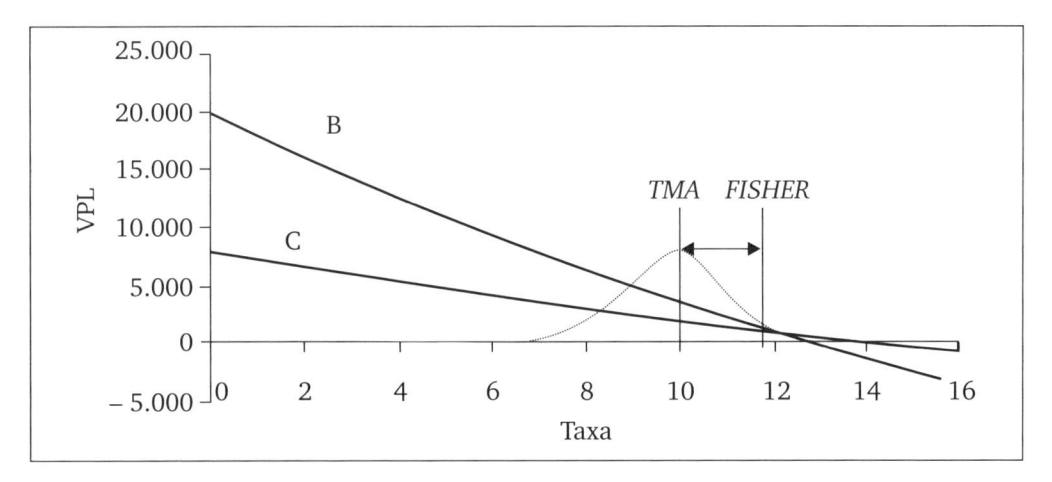

Figura 5.21 *Ponto de Fisher (11,98%) como limite para a variabilidade da TMA.*

O Ponto de Fisher estabelece um novo limite (11,98%) para a variabilidade da TMA. Essa informação melhora a percepção de risco do Projeto B, isto é, o Projeto B só é superior ao Projeto C para TMAs inferiores a 11,98% a.a.

5.11 Projetos com horizontes diferentes

Os métodos descritos neste capítulo foram delineados para comparar projetos com horizontes de planejamento iguais. Em termos práticos, poder-se-ia afirmar que projetos com o mesmo horizonte de planejamento são muito mais uma exceção do que uma regra. Felizmente, existem algumas manipulações que permitem analisar projetos com vidas diferentes. Para tanto, há de se considerar duas situações, quais sejam:

1. Se se pretende continuar no mesmo ramo de atividade, é plausível imaginar que, se a opção recair no projeto com menor N, então, ao término desse projeto, o decisor deverá se deparar com decisão similar. Nesse caso, é realístico fixar um horizonte de análise idêntico para ambos os projetos. Isso pode ser feito replicando-se os projetos até o mínimo múltiplo comum de suas vidas.

2. Se não se sabe o que se vai fazer após o final da vida útil do projeto com menor N, então deve-se fixar um horizonte de análise idêntico para ambos os projetos igual a duração do projeto de menor N. Isso pode ser feito diminuindo-se o horizonte de análise do projeto de maior N e redefinindo-se o seu valor residual.

Para ilustrar essa situação, considere-se o seguinte exemplo:

Exemplo 5.3: Suponha-se que se tenha de escolher entre dois projetos (A e B), mutuamente exclusivos. Considere-se que a TMA seja de 10% ao período. Os dados relevantes para a análise estão no quadro a seguir.

	Projeto A	Projeto B
Investimento Inicial	$ 12.000	$ 20.000
Benefícios Anuais	$ 5.600	$ 6.900
Vida Útil	3	4
Valor Residual	$ 3.000	$ 4.000

Solução: Como os projetos têm vidas diferentes, não se pode aplicar as técnicas sem que se faça alguma consideração adicional. Apenas para efeito de ilustração, considere-se que exista interesse, ao término da vida do projeto de menor duração, de se fazer investimento similar. Assim, para efeito de análise, pode-se igualar os horizontes de planejamento dos projetos, replicando-os até o mínimo múltiplo comum de suas vidas (12 anos). A Figura 5.22 ilustra os fluxos de caixa originais dos projetos.

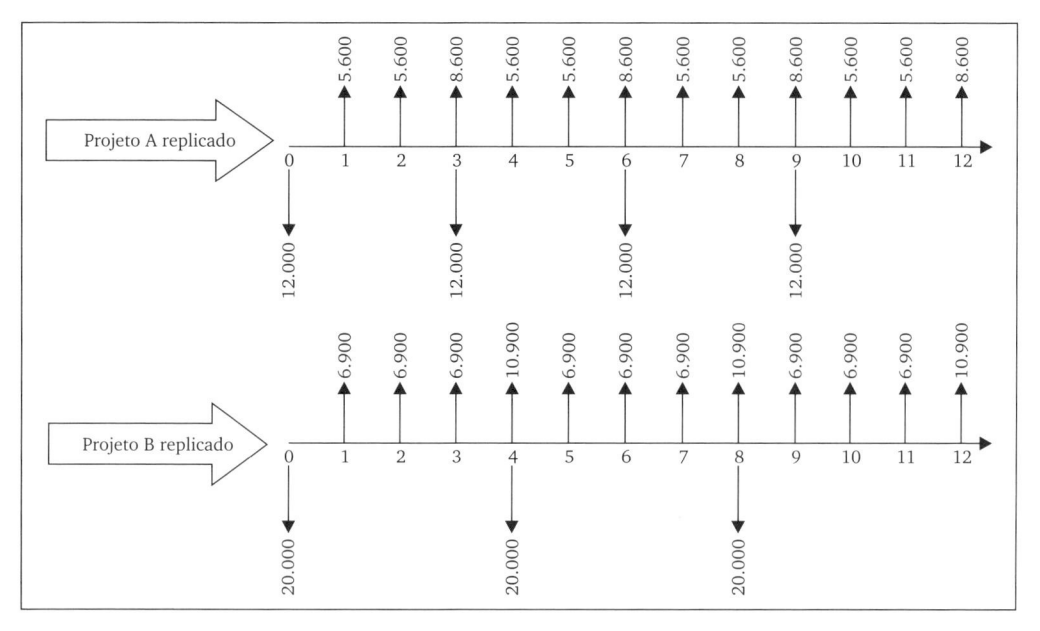

Figura 5.22 *Fluxos replicados para igualar o horizonte de planejamento.*

Admitida a hipótese da repetição, geram-se os indicadores de análise a partir dos projetos originais. É claro que só serão comparáveis os indicadores associados ao período (VPLa, ROIA, TIR e *Pay-back*), porquanto apresentariam o mesmo valor se os cálculos tivessem sido efetuados com os projetos replicados. O Quadro 5.6 apresenta os indicadores de análise associados aos projetos.

Quadro 5.6 *Indicadores comparáveis de projetos com horizontes de planejamento diferentes.*

Método	Projeto A*	Projeto B	*Status*
VPL	4.180,32 em 3 anos	4.604,13 em 4 anos	Não comparável
VPLa	1.680,97 por ano	1.452,47 por ano	A
IBC*	1,209 em 3 anos	1,230 em 4 anos	Não comparável
ROIA*	6,53% por ano	5,32% por ano	A
TIR como medida de rentabilidade*	20,94% por ano	19,49% por ano	A
TIR como medida de risco	27,43% por ano	19,49% por ano	A
FISHER	**5,80% por ano**		

* Já considerado o capital flutuante de $ 8.000 aplicado na TMA.

Pela análise dos indicadores de retorno e de risco, o Projeto A apresenta-se como a melhor opção de investimento. O Ponto de Fisher igual a 5,805% a.a. indica o espectro de validade da decisão tomada (Projeto A), isto é, o Projeto A é superior ao Projeto B para qualquer TMA acima de 5,80%, tal como ilustrado na Figura 5.23.

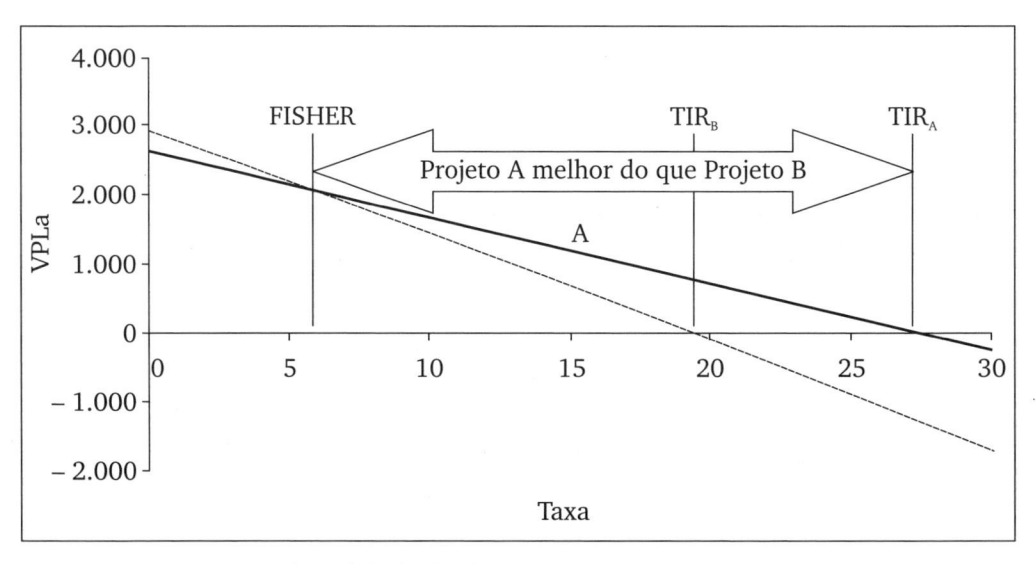

Figura 5.23 *Espectro de validade da decisão "Projeto A".*

5.12 Resumo

A Figura 5.24 apresenta um resumo dos principais indicadores de análise de projetos.

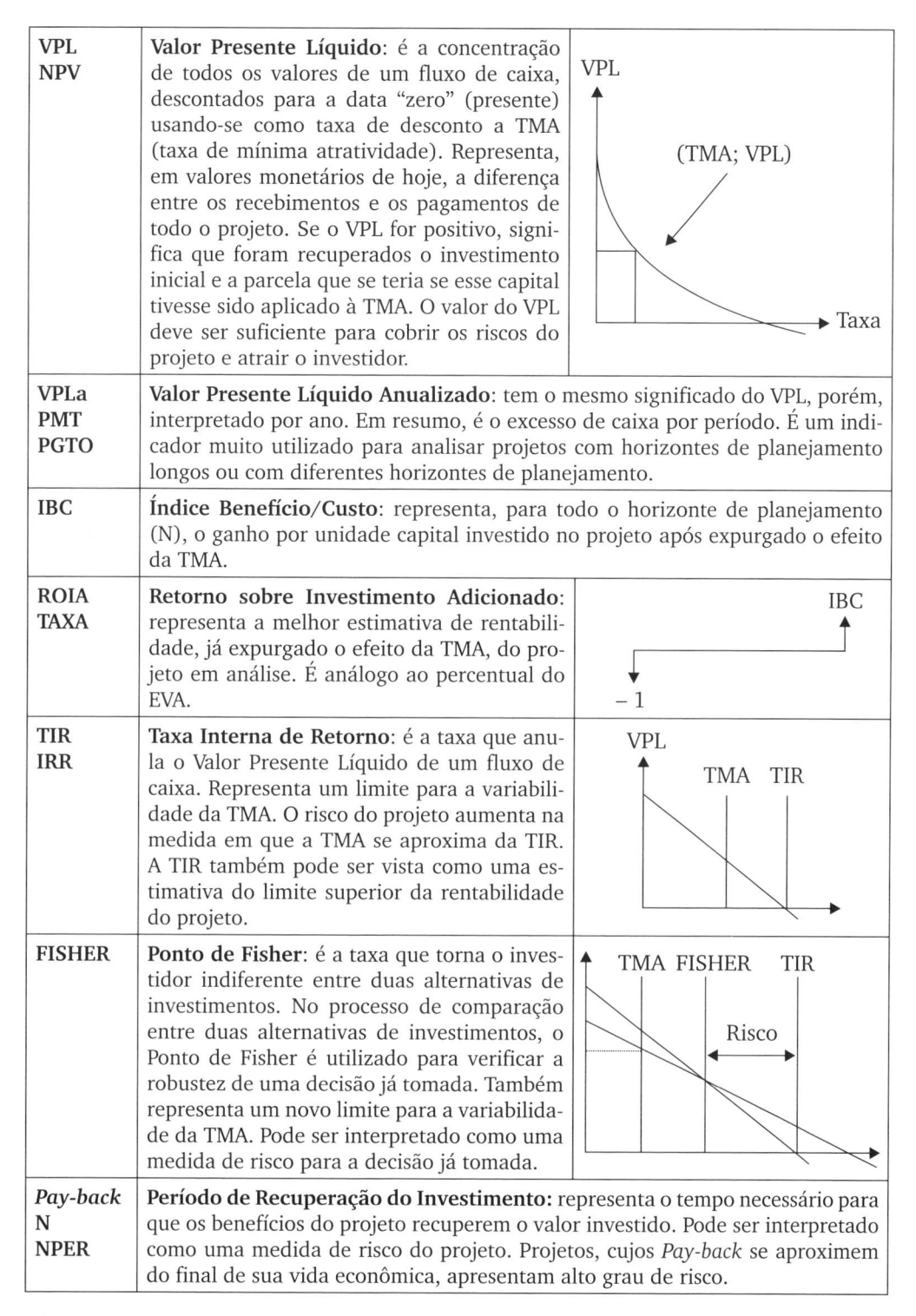

VPL **NPV**	**Valor Presente Líquido**: é a concentração de todos os valores de um fluxo de caixa, descontados para a data "zero" (presente) usando-se como taxa de desconto a TMA (taxa de mínima atratividade). Representa, em valores monetários de hoje, a diferença entre os recebimentos e os pagamentos de todo o projeto. Se o VPL for positivo, significa que foram recuperados o investimento inicial e a parcela que se teria se esse capital tivesse sido aplicado à TMA. O valor do VPL deve ser suficiente para cobrir os riscos do projeto e atrair o investidor.	
VPLa **PMT** **PGTO**	**Valor Presente Líquido Anualizado**: tem o mesmo significado do VPL, porém, interpretado por ano. Em resumo, é o excesso de caixa por período. É um indicador muito utilizado para analisar projetos com horizontes de planejamento longos ou com diferentes horizontes de planejamento.	
IBC	**Índice Benefício/Custo**: representa, para todo o horizonte de planejamento (N), o ganho por unidade capital investido no projeto após expurgado o efeito da TMA.	
ROIA **TAXA**	**Retorno sobre Investimento Adicionado**: representa a melhor estimativa de rentabilidade, já expurgado o efeito da TMA, do projeto em análise. É análogo ao percentual do EVA.	
TIR **IRR**	**Taxa Interna de Retorno**: é a taxa que anula o Valor Presente Líquido de um fluxo de caixa. Representa um limite para a variabilidade da TMA. O risco do projeto aumenta na medida em que a TMA se aproxima da TIR. A TIR também pode ser vista como uma estimativa do limite superior da rentabilidade do projeto.	
FISHER	**Ponto de Fisher**: é a taxa que torna o investidor indiferente entre duas alternativas de investimentos. No processo de comparação entre duas alternativas de investimentos, o Ponto de Fisher é utilizado para verificar a robustez de uma decisão já tomada. Também representa um novo limite para a variabilidade da TMA. Pode ser interpretado como uma medida de risco para a decisão já tomada.	
Pay-back **N** **NPER**	**Período de Recuperação do Investimento:** representa o tempo necessário para que os benefícios do projeto recuperem o valor investido. Pode ser interpretado como uma medida de risco do projeto. Projetos, cujos *Pay-back* se aproximem do final de sua vida econômica, apresentam alto grau de risco.	

Figura 5.24 *Resumo dos indicadores de análise de projetos de investimentos.*

Apêndice 5.1

Sugestão de roteiro para análise de projetos

1. Calcule todos os indicadores de análise (VP; VPL; VPLa; IBC; ROIA; TIR; *Pay-back* e Ponto de Fisher) e construa um quadro comparativo. Calcule também os indicadores resultantes da análise do capital flutuante que ficará investido na TMA.

2. Elabore um gráfico do comportamento dos VPLs em função de possíveis TMAs. Destaque, nesse gráfico, a TMA da empresa e o Ponto de Fisher.

3. Em princípio, escolha o projeto que apresentar o maior ganho equivalente por período, isto é, maior VPLa. Como VPLa é análogo ao EVA para projetos, então espera-se que projeto selecionado pelo VPLa gere mais riqueza para a empresa.

4. Verifique a rentabilidade da empresa pelo ROIA. Esse indicador é análogo ao percentual do EVA para projetos. Forme um juízo de valor e classifique a rentabilidade em baixa, média, boa ou excepcional. É importante comparar esse indicador com o histórico da própria empresa e, se possível, com a média do setor.

5. Verifique a possibilidade do projeto selecionado não recuperar o capital investido. Isto pode ser feito por um estudo do comportamento (histórico e projetado) da variabilidade da TMA. O risco do projeto não recuperar o investimento pode ser percebido pela proximidade entre a TMA e a TIR. Forme um juízo de valor, considerando inclusive as características do projeto, do setor e do mercado, e classifique o risco percebido em baixo, moderado ou alto.

6. Melhore a sua percepção de risco pela análise do *Pay-back*. O risco se acentua na medida em que o *Pay-back* tende a se aproximar do final do horizonte de planejamento do projeto.

7. Use o gráfico e o Ponto de Fisher para verificar o risco da decisão tomada. A distância entre a TMA e o Ponto de Fisher mostra o espectro de validade da decisão tomada.

8. Elabore um quadro comparativo das vantagens e desvantagens em termos de retorno e de risco para as melhores alternativas e comente-as.

9. Sumarize as vantagens e desvantagens do projeto recomendado em relação à segunda opção.

Apêndice 5.2

Procedimento numérico para cálculo da taxa interna de retorno

Para o Exemplo 5.1, a determinação da TIR consiste em encontrar uma taxa (um valor para i) que torne a expressão a seguir verdadeira.

$$0 = -380 + \frac{30}{(1+i)^1} + \frac{50}{(1+i)^2} + \frac{70}{(1+i)^3} + \frac{90}{(1+i)^4} + \frac{110}{(1+i)^5} +$$

$$+ \frac{130}{(1+i)^6} + \frac{130}{(1+i)^7} + \frac{130}{(1+i)^8} + \frac{130}{(1+i)^9}$$

Um procedimento genérico e simples para a solução desse problema é o de aproximações sucessivas, que consiste em:

1. arbitrar um valor para i, calcular o valor da expressão anterior e comparar com zero;

2. se o VPL encontrado for igual a zero, então a taxa arbitrada é a taxa procurada e o problema estará solucionado. Se o VPL for maior do que zero, então deve-se aumentar o valor de i. Se o VPL for menor do que zero, então deve-se diminuir o valor de i;

3. com um novo i recalcular o valor do VPL. A idéia básica é encontrar duas taxas, i_- e i_+, que aproximem o VPL de zero, de tal forma que $\text{VPL}(i_+) < 0 < \text{VPL}\,i_-$;

4. satisfeita a condição anterior, saber-se-á, com certeza, que a taxa procurada estará entre i_- e i_+. Para diminuir a amplitude entre i_- e i_+ utiliza-se o conceito de ponto médio para arbitrar uma nova taxa $i = (i_- + i_+)/2$, e recalcula-se o valor do VPL. Quando a diferença entre as taxas i_- e i_+ tender a zero, o valor da expressão também tenderá para zero e o problema estará solucionado. O uso de interpolação linear ajuda a acelerar esse processo de convergência.

CÁLCULO DA TIR PARA O EXEMPLO 5.1

Taxa arbitrada	Valor	*Status*	Decisão
10,00%	126,83	> 0	Aumentar "i"
20,00%	− 56,91	< 0	Diminuir "i"
15,00%	20,59	> 0	Aumentar "i"
17,50%	− 21,10	< 0	Diminuir "i"
16,25%	− 1,06	> 0	Aumentar "i"

Com certeza, a taxa procurada que zera o VPL está entre 15,00% e 16,25%. O uso de interpolação linear, tal como apresentado na Figura 5.25 permite acelerar o processo de busca.

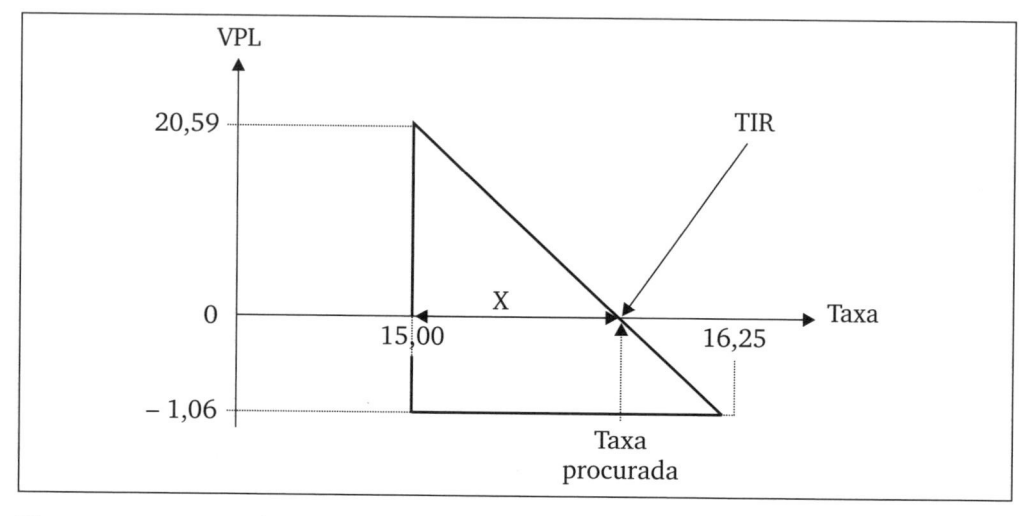

Figura 5.25 *Interpolação linear para encontrar a TIR.*

A taxa procurada, então, será igual a 15 + x. Usando-se as propriedades existentes entre triângulos semelhantes, facilmente se determina o valor de x tal como apresentado a seguir.

$$\frac{\text{Base do triângulo menor}}{\text{Altura do triângulo menor}} = \frac{\text{Base do triângulo maior}}{\text{Altura do triângulo maior}}$$

$$\frac{x}{20,59 - 0} = \frac{16,25 - 15,00}{20,59 - (-1,06)}$$

resultando em **x** igual a 1,188, donde se conclui que a taxa procurada é aproximadamente 16,188%.

5.13 Questões para revisão

1. A gerência de uma fábrica está considerando a possibilidade de instalar uma nova máquina. A proposta de investimento envolve desembolso inicial de $ 100.000, objetivando uma redução de custo da ordem de $ 2.000 por mês, durante os próximos 7 anos. Estima-se um valor residual da ordem de $ 2.500. Comente sobre a atratividade do projeto, se a TMA da empresa está estimada em 10% ao ano.

2. Uma empresa, cuja TMA antes de Imposto de Renda é de 10% ao ano, está considerando a aquisição de determinado equipamento. Após pesquisas junto a fornecedores, foram selecionados dois equipamentos que atendem às especificações técnicas. As informações relevantes para a tomada de decisão estão apresentadas no quadro a seguir.

Informações	Equipamento A	Equipamento B
Investimento Inicial	$ 50.000	$ 35.000
Benefícios Líquidos Anuais	$ 8.000	$ 6.000
Valor Residual	$ 10.000	$ 7.000
Vida Econômica (anos)	10	10

3. Uma empresa está estudando a possibilidade de adquirir um equipamento por $ 40.000 para reduzir os custos com a mão-de-obra. Atualmente, a empresa tem um desembolso mensal de $ 4.800 com mão-de-obra. Se o equipamento for adquirido, os gastos mensais com mão-de-obra serão reduzidos para $ 2.000. A TMA da empresa é de 1,8% ao mês. Esse equipamento, após 5 anos de uso, poderá ser vendido por 10% de seu valor original e ser substituído por outro semelhante, ou poderá ser reformado, a um custo de $ 20.000, e ser usado por mais 5 anos. Se o equipamento for reformado, os gastos mensais com mão-de-obra passarão para $ 2.300. Que decisão deverá ser tomada?

4. Uma empresa está estudando a possibilidade de adquirir um equipamento. Os estudos efetuados indicaram duas alternativas tecnicamente viáveis, cujas conseqüências econômicas estimadas estão apresentadas no quadro a seguir.

	Alternativa A	Alternativa B
Investimento Inicial	$ 12.000	$ 20.000
Custo Operacional Anual	$ 1.600	$ 900
Valor Residual	$ 3.600	$ 2.500
Vida Econômica (anos)	6	12

Se a TMA da empresa é da ordem de 12% ao ano, qual a alternativa mais atrativa? (Enuncie as hipóteses que você teve de fazer para solucionar o presente problema.)

5. Considere que, para uma empresa cuja TMA seja de 10% ao ano, surjam duas propostas de investimentos. A primeira, exigindo investimento inicial de $ 10.000, trazendo benefícios anuais da ordem de $ 3.000. A segunda, exigindo investimento inicial de $ 20.000, trazendo benefícios anuais da ordem de $ 5.500. Para ambas as propostas, o valor residual é de 12% do valor original após 8 anos de uso. Calcule os indicadores de análise (VPL, VPLa, TIR e IBC) e elabore um relatório para justificar a escolha da melhor proposta.

6. Uma empresa, cuja TMA é de 12% ao ano, precisa decidir entre a compra de dois equipamentos com as seguintes características:

	Equipamento A	Equipamento B
Investimento Inicial	$ 120.000	$ 150.000
Valor Residual	$ 26.600	$ 32.000
Benefícios Anuais	$ 24.000	$ 30.000
Vida Útil (Anos)	12	12

Calcule os indicadores de análise (VPL, VPLa, TIR e IBC) e elabore um relatório para justificar a escolha da melhor proposta.

7. Suponha que se apresentou a você uma oportunidade de investimento tal como representada (em $ 1.000) pelo quadro a seguir.

Mês	0	1	2	3	4	5
Valor	− 10	5	3	3	5	3

Suponha também que os recursos necessários para fazer esse investimento possam ser obtidos junto a uma instituição financeira que cobra juros de 12% ao mês. Se você utilizar esse financiamento, então o mesmo deverá ser devolvido, integralmente (capital + juros), ao final do mês 5. Qual seria a melhor estratégia (fazê-lo com recursos próprios ou financiá-lo)?

8. Uma máquina polidora e classificadora de frutas (maçãs, nectarinas, laranjas,...) pode ser comprada por $ 200.000. Se a máquina for comprada, estima-se que ela reduzirá os custos de mão-de-obra em aproximadamente $ 3.500/mês. Estima-se também que, por poder comercializar frutas selecionadas, a receita líquida (caixa) da empresa aumentará em $ 4.000/mês. Após 8 anos de uso, essa máquina esgotará a sua capacidade competitiva e poderá ser vendida por 5% do valor original. Se a taxa de juros de mercado (para aplicações) é de 2,0% ao mês, você recomendaria a compra dessa máquina?

6

Projeção do Fluxo de Caixa

Os capítulos anteriores tinham como pressuposto um fluxo de caixa com a seguinte configuração:

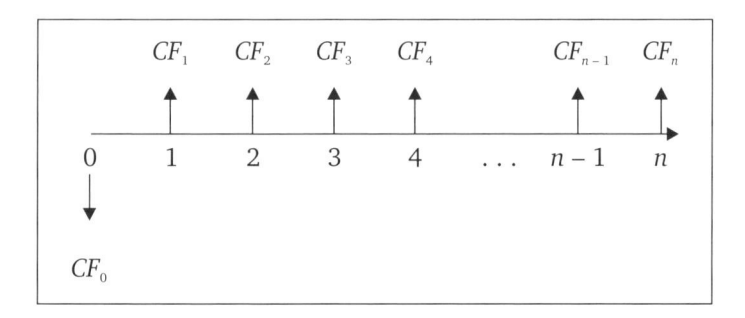

onde CF_0 representa o investimento inicial e cada CF_j ($j = 1,..., n$) representa o ingresso ou a saída de caixa no período j. Contudo, pouco se explicou a respeito da obtenção desses valores. Este capítulo objetiva eliminar essa simplificação, resgatando, ordenando e aplicando as informações necessárias para a projeção do fluxo de caixa.

Entende-se por **investimento inicial** todo o aporte de capital necessário para colocar o projeto em funcionamento. Usualmente é composto pelos investimentos em ativos fixos, despesas pré-operacionais e aporte inicial de capital de giro.

Os **ativos fixos** compreendem os terrenos, obras civis, máquinas e equipamentos, veículos, ferramentas, infra-estrutura de comunicação, *hardware* e *software*, móveis e utensílios etc. É a infra-estrutura básica. As edificações são, em geral, parte importante das obras civis e abrangem a administração, a fábrica ou setor de produção, os depósitos, cozinha industrial, refeitórios etc. As instalações elétricas, hidráulicas e cabeamentos de comunicação não fazem parte das obras civis por apresentarem vida útil e taxas de depreciação distintas. Tomando-se o Exemplo 5.1 do Capítulo 5 como referência, o investimento inicial poderia estar constituído segundo a Tabela 6.1.

Tabela 6.1 *Investimento inicial.*

Descrição	Valor
Ativo fixo na área industrial	240.000
Ativo fixo na área administrativa	25.000
Ativo fixo na área comercial	30.000
Ativos fixos de uso compartilhado	25.000
Capital de giro	40.000
Despesas pré-operacionais	20.000
Total	380.000

As **despesas pré-operacionais** compreendem os desembolsos realizados antes de o projeto entrar em funcionamento. Representam gastos que seriam lançados como despesas operacionais caso o projeto já estivesse em funcionamento. Incluem-se nessa categoria: pesquisa e desenvolvimento, ponto, marcas, direitos e patentes industriais e obras preliminares e complementares. Estas últimas abrangem todos os melhoramentos e obras integradas aos terrenos, bem como os serviços e instalações provisórias, **necessários à construção e ao andamento das obras**, como limpeza do terreno, terraplenagem, drenagem, arruamento, pátios, cercas, muros, jardins, portões, guaritas, instalações elétricas e hidráulicas. A Tabela 6.2 detalha as despesas pré-operacionais para o Exemplo 5.1 do Capítulo 5.

Tabela 6.2 *Despesas pré-operacionais.*

Descrição	Valor
Obras preliminares	11.000
Pesquisa de Marketing	6.000
Material de expediente	800
Procedimentos legais e contábeis	700
Registro de marcas e patentes	600
Visitas a fornecedores	500
Outros	400
Total	20.000

O **capital de giro inicial** é o volume de recursos necessários para a empresa se sustentar até que seu volume de vendas proporcione caixa suficiente para fazer face aos desembolsos inerentes a sua operação. São necessários recursos para pagamento de fornecedores, inclusive das utilidades (luz, água, gás,...); para sustentar a folha de pagamento, para realizar as despesas administrativas e comerciais, para pagar pelos serviços terceirizados e para saldar outros compromissos periódicos. O capital de giro inicial é também influenciado pelos níveis médios de estoques de matérias-primas, de produtos em elaboração e de produtos acabados, bem como pelos prazos médios de pagamento de fornecedores e de recebimento de vendas.

A compra de ativos fixos, independentemente da forma de pagamento, constitui investimento. O uso desses ativos, na operação do empreendimento, representa consumo de recursos e, contabilmente, é interpretado como custo ou despesa operacional. Assim, os investimentos em ativos fixos definem a parcela de depreciação que será deduzida como custo ou despesa. Embora não se caracterize como desembolso, a depreciação afeta a renda tributável e, portanto, os desembolsos referentes ao Imposto de Renda e Contribuição Social sobre o Lucro Líquido. Em suma, a depreciação afeta o Demonstrativo de Resultados do Exercício e, por conseguinte, o Fluxo de Caixa. A estrutura genérica do Demonstrativo de Resultados do Exercício, apresentada na Figura 6.1, ilustra essa situação.

Receita			$
– Custo do Produto Vendido			$
Material Direto		$	
Mão-de-Obra Direta		$	
Custos Indiretos de Fabricação		$	
Mão-de-Obra Indireta	$		
Material Indireto	$		
Depreciação de Equipamentos	**$**		
Depreciação de Instalações	**$**		
.	.		
.	.		
.	.		
= Lucro Bruto			$
– Despesas Administrativas			$
– Despesas Comerciais			$
– Despesas Financeiras			$
= Lucro Líquido			$
– Imposto de Renda			$
– Contribuição Social sobre o Lucro Líquido			$
= Lucro após IR e CSLL			$

Figura 6.1 *Demonstrativo de Resultados do Exercício.*

Da leitura do Demonstrativo de Resultados do Exercício, torna-se evidente que a depreciação, como um custo indireto de fabricação, afeta o resultado operacional e, por conseguinte, a base sobre a qual incidirá a alíquota do Imposto de Renda e a Contribuição Social sobre o Lucro Líquido (renda tributável).

6.1 Depreciação

A empresa, para atender a seu objetivo de unidade de expansão de capital, realiza diversas operações. A operação mais comum é transformar matéria-prima em produto acabado e comercializar esse produto no mercado. Nessa operação, para que não se desvirtue o objetivo da empresa, dois requisitos devem ser observados:

a) o preço pelo qual o produto é comercializado deve ser, no mínimo, suficiente para remunerar todos os fatores de produção (material; equipamento; capital; trabalho...) utilizados no processo de transformação de matéria-prima em produto acabado (critério de sobrevivência, de longo prazo) e;

b) o tempo decorrido entre os desembolsos para colocar o produto acabado nas mãos do cliente e os recebimentos decorrentes da venda do produto devem ser compatíveis com o fôlego financeiro da empresa, de tal forma que a empresa possa sustentar o ciclo de negócios (critério de liquidez, de curto prazo).

Dos fatores de produção consumidos no processo de transformação da matéria-prima em produto acabado destaca-se o desgaste dos equipamentos utilizados. A parcela teórica de desgaste dos equipamentos devida à fabricação de um produto é apropriada ao custo desse produto, sob a denominação de *depreciação*. Esse valor, embora represente um custo de produção, não se materializa em desembolso (saída de caixa). Os valores correspondentes à depreciação, teoricamente, seriam acumulados em um fundo denominado *Fundo de Depreciação*. A idéia básica da constituição do Fundo de Depreciação é permitir que, ao dar baixa de um ativo depreciável, o valor monetário correspondente, contabilizado nesse fundo seja suficiente para aquisição de outro similar. Em economias inflacionárias, tem-se recorrido a alguns ajustes contábeis, de modo a impedir que o valor do fundo de depreciação seja corroído pela inflação. O mais comum desses ajustes é indexar o valor do bem e, conseqüentemente, o valor de sua depreciação, a uma moeda estável.

A depreciação de bens do ativo imobilizado corresponde à diminuição do valor dos elementos ali classificáveis, resultante do desgaste pelo uso, ação da natureza ou obsolescência. A referida perda de valor dos ativos, que tem por objeto bens físicos do imobilizado das empresas, será registrada periodicamente nas contas de custo ou despesa (depreciação do período de apuração), que terão como contrapartida as contas de registro da depreciação acumulada, classificadas como contas retificadoras do ativo permanente (RIR/1999 art. 305). Como regra geral, a taxa de depreciação será fixada em função do período em que se espera a utilização econômica do bem, pelo contribuinte, na produção de seus rendimentos (RIR/1999, art. 310). <http://www.receita.gov.br/PessoaJuridica/DIPJ/2003/PergResp 2003/pr 460a473.htm>.

A Tabela 6.3 apresenta alguns bens e a taxa anual de depreciação permitida pela legislação brasileira.

Tabela 6.3 *Taxa de depreciação para alguns bens.*

Bens	Taxa Anual de Depreciação	Prazo
Tratores	25%	4 anos
Caminhões fora-de-estrada	25%	4 anos
Motociclos	25%	4 anos
Veículos de passageiros	20%	5 anos
Computadores	20%	5 anos
Software	20%	5 anos
Veículo de carga	20%	5 anos
Maquinários	10%	10 anos
Edificações	4%	25 anos

Fonte: http://www.receita.gov.br/PessoaJuridica/DIPJ/2003/PergResp2003/pr460a473.htm

As rápidas mudanças tecnológicas, que a nova ordem econômica impõe às empresas, têm provocado reflexões sobre a forma de apropriação dos valores depreciados. Está cada vez mais presente a necessidade de substituir os equipamentos atuais por outros mais competitivos. Freqüentemente, o valor monetário disponível no fundo de depreciação não é suficiente para efetuar a substituição do equipamento obsoleto por outro mais moderno e mais competitivo. Essa é uma questão da maior importância para a sobrevivência da empresa no longo prazo.

A depreciação de um equipamento pode ocorrer por desgaste físico ou por obsolescência tecnológica. Atualmente, a rápida obsolescência tecnológica leva empresas a questionarem as taxas definidas pela legislação brasileira, o método de depreciação linear, e o valor base utilizado no cálculo. Comparações internacionais indicam que a adoção do método exponencial em vez do linear e a substituição do valor histórico pelo valor de reposição tendem a garantir maior competitividade às empresas na medida em que elevam sua capacidade de se manterem tecnologicamente atualizadas.

6.2 Impostos e contribuições

A construção do fluxo de caixa também é influenciada pelos impostos e contribuições a que a empresa está sujeita. Por exemplo, para uma empresa sob regime tributário de lucro real, os principais impostos e contribuições são apresentados no Quadro 6.1, a seguir.

Quadro 6.1 *Principais impostos e contribuições.*

Tipo	Sigla	Atividade	Alíquota	Base de Cálculo
Imposto de Renda sobre o Lucro Líquido	IR	Comércio, indústria e serviços	15%*	Lucro líquido
Contribuição Social sobre o Lucro Líquido	CSSL	Comércio, indústria e serviços	9%	Lucro líquido
Programa de Integração Social	PIS	Comércio, indústria e serviços	1,65%***	Faturamento
Contribuição Financeira Social	COFINS	Comércio, indústria e serviços	7,6%***	Faturamento
Imposto sobre Circulação de Mercadorias e Serviços	ICMS	Comércio, indústria e serviços	0 a 25%**	Faturamento
Imposto sobre Produtos Industrializados	IPI	Indústria	5 a 15%**	Faturamento
Imposto sobre Serviços	ISS	Serviços	0 a 5%	Faturamento

* 15% até R$ 240.000/ano mais 10% sobre o excedente.

** Compensado com o valor apurado na compra.

*** Compensado com o valor apurado na compra e variável para algumas atividades.

É evidente que esses tributos devem ser levados em conta quando se projetam os ingressos líquidos de certo projeto de investimento.

6.3 DRE sob custeio direto

Segundo SOUZA e CLEMENTE (2007, p. 63), o Custeio Direto é um sistema que faz o necessário confronto entre os compromissos financeiros fixos por período e o volume de vendas necessário para manter o saldo de caixa positivo. Sob a ótica do Custeio Direto, as vendas, e não a produção, impulsionam a empresa, pois se admite uma relação inversa entre produção e vendas: no Custeio Direto, a variável dependente é a quantidade produzida.

Informações básicas

Ano	1	2	3	4	5	6	7	8	9
Vendas previstas	29.588	33.858	38.232	42.606	53.327	67.396	79.869	98.008	192.284
Preço de venda	45,00	45,00	45,00	45,00	44,00	43,00	42,00	41,00	38,00
Custo variável unitário	25,00	25,00	25,00	25,00	25,00	25,00	25,00	25,00	25,00
Despesa Variável unitária	1,20	1,20	1,20	1,20	1,20	1,20	1,20	1,20	1,20

Demonstrativo de resultados do Exercício

Faturamento bruto	1.331.470	1.523.592	1.720.438	1.917.285	2.346.375	2.898.009	3.354.493	4.018.320	7.306.787
– IPI (10%)	121.043	138.508	156.403	174.299	213.307	263.455	304.954	365.302	664.253
= Receita Bruta	1.210.427	1.385.083	1.564.035	1.742.986	2.133.069	2.634.554	3.049.539	3.653.019	6.642.534
– ICMS (12%)	145.251	166.210	187.684	209.158	255.968	316.146	365.945	438.362	797.104
– PIS COFINS (9,25%)	111.964	128.120	144.673	161.226	197.309	243.696	282.082	337.904	614.434
= Receita líquida	953.211	1.090.753	1.231.677	1.372.602	1.679.791	2.074.711	2.401.512	2.876.752	5.230.995
– Custo variável do produto vendido	739.705	846.440	955.799	1.065.158	1.333.168	1.684.889	1.996.722	2.450.195	4.807.097
= Margem de contribuição	213.506	244.313	275.878	307.443	346.624	389.822	404.790	426.557	423.899
– Despesas variáveis	35.506	40.209	45.878	51.128	63.992	80.875	95.843	117.609	230.741
= Margem de contribuição líquida	178.000	203.684	230.000	256.316	282.632	308.947	308.947	308.947	193.158
– Custos e despesas fixas	180.000	180.000	180.000	180.000	180.000	180.000	180.000	180.000	180.000
= Lucro antes de IR e CSLL	– 2.000	23.684	50.000	76.316	102.632	128.947	128.947	128.947	13.158
– IR	0	3.553	7.500	11.447	15.395	19.342	19.342	19.342	1.974
– CSLL	0	2.132	4.500	6.868	9.237	11.605	11.605	11.605	1.184
Lucro após IR e CSLL	– 2.000	18.000	38.000	58.000	78.000	98.000	98.000	98.000	10.000

Figura 6.2 *Demonstrativo de Resultados referente ao Exercício 5.1 do Capítulo 5.*

O Custeio Direto é um sistema que destaca o peso da estrutura – despesas e custos fixos – e conduz à adoção de estratégias que otimizem o uso dessa estrutura. Juntamente com essa mudança conceitual, surgem novos parâmetros de análise como margem de contribuição unitária e total, restrições de mercado e de processo, piso de valor para formação de preços e novas formas de acompanhar o desempenho empresarial, como participação de mercado, *mix* ótimo de produção e análise custo-volume-lucro.

A preferência pelo Custeio Direto para projetar o fluxo de caixa se justifica por sua simplicidade:

- os custos e despesas são classificados como fixos ou variáveis, facilitando a elaboração de orçamentos;
- somente os custos e despesas variáveis são apropriados aos produtos;
- os custos fixos e as despesas fixas são lançados pelo total como despesas do exercício, eliminando a necessidade de rateios, sempre questionáveis.

O Demonstrativo de Resultados sob Custeio Direto para o Exemplo 5.1 do Capítulo 5, apresentado na Figura 6.2, evidencia o impacto da depreciação, dos impostos e das contribuições sobre o Fluxo de Lucro Contábil.

A Figura 6.3, apresenta as principais fontes de informações para a projeção dos Demonstrativos de Resultados.

Informações relevantes para a DRE	Fonte da informação
Preço *Market share* Previsão de vendas Taxa anual de crescimento das vendas	Estudo de mercado
Custo variável unitário Custo variável do produto vendido Custos fixos	Orçamento de produção
Despesas variáveis Despesas fixas	Orçamento de vendas
Despesas fixas	Orçamento de despesas administrativas

Figura 6.3 *Fontes de informação para o DRE.*

Segundo CLEMENTE (2002, p. 69):

"Estudo de mercado é o conjunto de atividades orientadas para antever as vendas e os preços de certo produto com a finalidade de estimar as receitas futuras. Dessa forma, o estudo de mercado tipicamente envolve projeções das vendas e dos preços, ano a ano, para o horizonte de planejamento adotado para certo projeto."

Tabela 6.4 *Ajustes para o Fluxo de Caixa do Exercício 5.1 do Capítulo 5.*

	ANO_0	ANO_1	ANO_2	ANO_3	ANO_4	ANO_5	ANO_6	ANO_7	ANO_8	ANO_9
(=) Fluxo de lucro contábil	0	–2.000	18.000	38.000	58.000	78.000	98.000	98.000	98.000	10.000
(+) Depreciação		32.000	32.000	32.000	32.000	32.000	32.000	32.000	32.000	32.000
(–) Amortização do financiamento		0	0	0	0	0	0	0	0	0
(–) Investimento inicial em ativo fixo	320.000									
(–) Despesas pré-operacionais	20.000									
(–) Capital de giro	40.000									
(+) Liberação do financiamento	0									
(+) Valor residual										88.000
(=) Fluxo de caixa do investidor	–380.000	30.000	50.000	70.000	90.000	110.000	130.000	130.000	130.000	130.000

O Fluxo de Lucro Contábil obtido do DRE é ajustado, inicialmente, para expressar entradas e saídas de caixa em função dos prazos de recebimento (política de crédito) e prazos de pagamento decorrentes de negociações com os fornecedores de insumos. O próximo ajuste é adicionar o valor da depreciação porquanto esta não representa desembolso ou saída de caixa. Observe-se que na construção do fluxo de caixa, não adicionar a depreciação ao resultado do respectivo exercício corresponde, grosso modo, a considerar duas vezes o investimento em ativos depreciáveis. A Tabela 6.4 apresenta estes ajustes.

6.4 Efeitos das fontes de financiamento

A hipótese básica que norteou o desenvolvimento dos capítulos anteriores foi que havia disponibilidade de recursos para a execução dos projetos, isto é, os projetos seriam executados integralmente com recursos próprios. Neste capítulo, serão examinadas as implicações de financiar parte do projeto recursos de terceiros. Nesse caso, os ajustes a serem feitos no Fluxo de Caixa são:

a. elaborar a planilha de pagamento do financiamento, separando o valor da amortização e do juro contido em cada prestação;

b. lançar os juros como despesas financeiras no Demonstrativo de Resultados do Exercício;

c. apurar o lucro após IR e CSSL;

d. deduzir as amortizações do Fluxo de Lucro Contábil.

A Figura 6.4 ilustra esse procedimento.

	ANO 0	ANO 1	ANO 2	ANO 3	ANO 4	ANO 5	ANO 6	ANO 7	ANO 8	ANO 9	ANO 10
(=) Fluxo de Lucro Contábil		$	$	$	$	$	$	$	$	$	$

AJUSTES		ANO 0	ANO 1	ANO 2	ANO 3	ANO 4	ANO 5	ANO 6	ANO 7	ANO 8	ANO 9	ANO 10
	(+) Depreciação		$	$	$	$	$	$	$	$	$	$
	(−) Amortização do Financiamento		$	$	$	$	$	$	$	$	$	$
	(−) Investimento Inicial em Ativo Fixo	$										
	(−) Despesas pré-operacionais	$										
	(−) Capital de Giro	$										
	(+) Liberação do Financiamento	$										
	(+) Valor Residual											$
	(=) Fluxo de Caixa do Investidor	$	$	$	$	$	$	$	$	$	$	$

Figura 6.4 *Ajustes para a elaboração do Fluxo de Caixa do Projeto.*

Para ilustrar os efeitos da fonte de financiamento, suponha que o capital próprio disponível para investimento no Exemplo 5.1 do capítulo anterior seja da ordem de $ 130.000. O restante pode ser obtido por meio de um financiamento. O Sistema de Amortização utilizado pela instituição financeira é o SAC, prazo de amortização de seis anos, um ano de carência e juros de 14% ao ano. A nova composição das fontes de financiamento para o projeto é mostrada na Tabela 6.5.

Tabela 6.5 *Fontes de financiamento.*

Descrição	Valor	Custo do capital	Participação
Recursos próprios	130.000	12%	34,21%
Financiamento de longo prazo	250.000	14%	65,79%
Total	380.000		100%

A Planilha de Pagamentos do Financiamento é apresentada na Tabela 6.6.

Tabela 6.6 *Planilha de Pagamento do Financiamento SAC.*

Período	Prestação	Amortização	Juro	Saldo
0				250.000
1	35.000	0	35.000	250.000
2	85.000	50.000	35.000	200.000
3	78.000	50.000	28.000	150.000
4	71.000	50.000	21.000	100.000
5	64.000	50.000	14.000	50.000
6	57.000	50.000	7.000	0

Os juros constantes da Tabela 6.6 são lançados como despesas financeiras no Demonstrativo de Resultados do Exercício. A Tabela 6.7 mostra esse procedimento.

Tabela 6.7 *Efeito do financiamento no DRE.*

	Ano 1	Ano 2	Ano 3	Ano 4	Ano 5	Ano 6	Ano 7	Ano 8	Ano 9
Faturamento Bruto	1.331.470	1.523.592	1.720.438	1.917.285	2.346.375	2.898.009	3.354.493	4.018.320	7.306.787
– IPI (10%)	121.043	138.508	156.403	174.299	213.307	263.455	304.954	365.302	664.253
= Receita Bruta	1.210.427	1.385.083	1.564.035	1.742.986	2.133.069	2.634.554	3.049.539	3.653.019	6.642.534
– ICMS (12%)	145.251	166.210	187.684	209.158	255.968	316.146	365.945	438.362	797.104
– PIS/COFINS (9,25%)	111.964	128.120	144.673	161.226	197.309	243.696	282.082	337.904	614.434
= Receita Líquida	953.211	1.090.753	1.231.677	1.372.602	1.679.791	2.074.711	2.401.512	2.876.752	5.230.995
– Custo Variável do Produto Vendido	739.705	846.440	955.799	1.065.158	1.333.168	1.684.889	1.996.722	2.450.195	4.807.097
= Margem de Contribuição	213.506	244.313	275.878	307.443	346.624	389.822	404.790	426.557	423.899
– Despesas Variáveis	35.506	40.629	45.878	51.128	63.992	80.875	95.843	117.609	230.741
= Margem de Contribuição Líquida	178.000	203.684	230.000	256.316	282.632	308.947	308.947	308.947	193.158
– Custos e Despesas Fixas	180.000	180.000	180.000	180.000	180.000	180.000	180.000	180.000	180.000
= Lucro Antes de Juros, IR e CSLL	– 2.000	23.684	50.000	76.316	102.632	128.947	128.947	128.947	13.158
– Despesas Financeiras (Juros)	**35.000**	**35.000**	**28.000**	**21.000**	**14.000**	**7.000**			
= Lucro Antes de IR e CSLL	– 37.000	– 11.316	22.000	55.316	88.632	121.947	128.947	128.947	13.158
– IR	0	0	3.300	3.300	8.297	13.295	18.292	19.342	19.342
– CSLL	0	0	1.980	4.978	7.977	10.975	11.605	11.605	1.184
Lucro Após IR e CSLL	– 37.000	– 11.316	16.720	42.040	67.360	92.680	98.000	98.000	10.000

Tabela 6.8 *Ajustes para obtenção do Fluxo de Caixa.*

	Ano 0	Ano 1	Ano 2	Ano 3	Ano 4	Ano 5	Ano 6	Ano 7	Ano 8	Ano 9
(=) Fluxo de Lucro Contábil	0	– 37.000	– 11.316	16.720	42.040	67.360	92.680	98.000	98.000	10.000
(+) Depreciação		32.000	32.000	32.000	32.000	32.000	32.000	32.000	32.000	32.000
(–) Amortização do Financiamento		0	50.000	50.000	50.000	50.000	50.000	0	0	0
(–) Investimento Inicial em Ativo Fixo	320.000									
(–) Despesas Pré-operacionais	20.000									
(–) Capital de Giro	40.000									
(+) Liberação do Financiamento	250.000									
(+) Valor Residual										88.000
(=) Fluxo de Caixa do Investidor	– 130.000	– 5.000	– 29.316	– 1.280	24.040	49.360	74.680	130.000	130.000	130.000

Considerou-se que o Imposto de Renda foi pago no mesmo exercício em que foi auferida a renda. Em termos práticos, existe uma defasagem entre o fato gerador do tributo e seu pagamento. Apesar dessa imprecisão, os resultados não se alteram substancialmente.

Os ajustes necessários para a obtenção do fluxo de caixa, decorrentes do financiamento, são mostrados na Tabela 6.8.

Os novos valores dos indicadores, em decorrência da decisão de financiar parte do investimento inicial, são mostrados a seguir.

Valor Presente	210.565
Valor Presente Líquido	80.565
Valor Presente Líquido Anualizado	15.120
Índice Benefício Custo	1,62
Retorno Adicional (ROIA)	5,50%
Taxa Interna de Retorno	19,15%
Índice TMA/TIR	0,52
Pay-back	7,5
Índice *Pay-back*/N	0,83

Se houvesse disponibilidade de capital para investimento, deveria ser feita uma comparação entre os indicadores do projeto realizado com recursos próprios (Projeto A) e os indicadores do projeto financiado (Projeto B).

Na análise de projetos mutuamente exclusivos (A e B), deve-se evitar a comparação direta entre os projetos se apenas um deles puder ser financiado. O ideal seria compará-los numa situação em que ambos pudessem ser realizados com recursos próprios, ou numa situação em que ambos pudessem ser financiados.

Outra análise pode ser feita quando se pretende recorrer a fontes externas de financiamento: procurar a melhor composição entre capital próprio e capital de terceiros. A melhor composição é a que maximiza o Valor Presente Líquido do Projeto e atende às restrições do percentual do projeto que a linha de financiamento impõe. Uma boa maneira de solucionar esse problema é representar o comportamento do Valor Presente Líquido como uma função do percentual de financiamento do projeto.

6.5 Questões para revisão

1. Considere uma oportunidade de investimento de $ 100.000 que proporcionará lucros anuais, antes de IR e CSLL, de $ 30.000 durante cinco anos. Esse equipamento se depreciará totalmente em cinco anos. Após cinco anos de uso, o valor de mercado deste equipamento está estimado em $ 24.000. A TMA da empresa, após IR e CSLL, é 8% ao ano.

    a) verifique a atratividade do investimento;

    b) compare os resultados obtidos com a possibilidade de se fazer *leasing* do equipamento por $ 20.000 anuais;

    c) analise as conseqüências de 80% do investimento inicial do projeto ser financiado (Price ou SAC – 5 anos) por um banco de desenvolvimento que cobra juros de 6% ao ano;

    d) qual estratégia de investimento você recomendaria?

2. O departamento de engenharia de produção de uma empresa está estudando a possibilidade de redução de custos pela modernização da tecnologia instalada. Um dos estudos aponta para redução de mão-de-obra pela compra de equipamentos de base microeletrônica para substituir os atuais de base essencialmente mecânica. As estimativas de tal substituição estão apresentadas no quadro a seguir.

	Estimativas
Investimento Inicial	$ 120.000
Redução anual de custos	$ 32.000
Valor Residual	$ 10.000
Vida econômica	5 anos
Depreciação Linear anual	$ 24.000
TMA	10% ao ano

    a) analisar a viabilidade do projeto após imposto de renda;

    b) analisar a viabilidade de alugar a máquina por $ 25.000;

    c) analisar as conseqüências de 60% do investimento inicial do projeto ser financiado (SAC – 5 anos) por um banco de desenvolvimento que cobra juros de 8% ao ano.

3. Uma empresa está estudando a aquisição de um equipamento por $ 300.000 cuja vida econômica está estimada em cinco anos com valor residual igual a 10% do custo de aquisição. A taxa de depreciação é de 20% ao ano. Esse

equipamento trará acréscimos no fluxo de caixa de $ 100.000 por ano, já a partir do primeiro ano. A empresa, se desejar, pode obter um financiamento (SAC – 4 anos) de 80% do valor do equipamento a um custo de 10% ao ano. A TMA da empresa é de 10% ao ano. Gere os indicadores de análise e opine sobre viabilidade do empreendimento com recursos próprios e com recursos de terceiros.

4. Refazer o Exemplo 5.1 do Capítulo 5 considerando que parte do Investimento Inicial ($ 250.000) seja financiada pelo Sistema Francês nas seguintes condições: carência de 1 ano; 5 anos para a amortização após o período de carência e juros de 14% ao ano.

7

Metodologia Multiíndice

Na Metodologia Multiíndice, desenvolvida pelos autores e utilizada neste livro, procura-se embasar o processo decisório quanto à aceitação ou rejeição de certo projeto de investimento através da utilização de vários indicadores. O uso conjunto de vários indicadores resulta em informações mais consistentes do que o uso isolado de qualquer um deles ou de um subconjunto deles e se caracteriza pelo aprofundamento da avaliação do risco e seu confronto com a expectativa de retorno. Essa metodologia utiliza dois grupos de indicadores. O primeiro grupo, composto pelos indicadores VP, VPL, VPLa, IBC e ROIA é utilizado para avaliar a percepção de retorno. O segundo grupo, composto pelos indicadores TMA/TIR, Pay-back/N, Grau de Comprometimento da Receita (GCR), Risco de Gestão e Risco de Negócio,[1] é utilizado para melhorar a percepção do risco.

A essência da Metodologia Multiíndice consiste em:

1. não incorporar o prêmio pelo risco como um *spread* sobre a TMA;
2. expressar a rentabilidade do projeto por meio do ROIA como um retorno adicional além do que seria auferido pela aplicação do capital em títulos de baixo risco;
3. utilizar a análise ambiental para aprofundar a avaliação sobre os riscos envolvidos;
4. confrontar os ganhos esperados com a percepção dos riscos de cada projeto.

---

[1] O Risco de Gestão e o Risco de Negócio foram propostos por Kreuz *et al.* (2004) no artigo Custos de produção, expectativas de retorno e de riscos do agronegócio uva na Região dos Campos de Palmas. Revista *Alcance*, V. 11 (2), maio/agosto 2004.

Os indicadores de risco TMA/TIR e *Pay-back*/N foram estudados no Capítulo 5 e suas formas de cálculo são bem conhecidas. Neste capítulo, serão apresentadas as formas de cálculo dos outros indicadores, bem como suas respectivas interpretações.

7.1 Grau de comprometimento da receita

Segundo Souza e Clemente (2007, p. 172), o Ponto de Equilíbrio Operacional (PEO) corresponde à quantidade mínima a ser produzida e vendida, em certo período, para que se possam cobrir todos os custos operacionais. No PEO, todos os custos são pagos, mas não há lucro. Tão importante quanto determinar o PEO é analisar sua posição relativa ao nível máximo de atividade. Este nível é determinado pelo mínimo entre a capacidade produtiva e a demanda máxima de mercado. A proximidade entre o PEO e a capacidade máxima, denominada Grau de Comprometimento da Receita (GCR) pode ser interpretada como medida de risco operacional do projeto.

$$GCR = \frac{\text{Receita de Equilíbrio}}{\text{Receita no Nível Máximo de Atividade}}$$

Se a empresa apresentar lucro apenas a níveis elevados de utilização da capacidade instalada, pode-se concluir que o risco envolvido é elevado.

Segundo Souza e Clemente (2007, p. 195), a Receita de Equilíbrio é obtida por meio da seguinte fórmula:

$$RECEITA_{\text{EQUILÍBRIO}} = \frac{\text{Custos Fixos} + \text{Despesas Fixas}}{1 - \dfrac{\text{Custo Variável Total} + \text{Despesa Variável Total}}{\text{Receita no Nível Máximo de Atividade}}}$$

Para o Exemplo 5.1 do Capítulo 5 e tomando-se o terceiro ano do Demonstrativo de Resultado do Exercício como referência obtém-se:

$$RECEITA_{\text{EQUILÍBRIO}} = \frac{180.000}{1 - \dfrac{955.799 + 45.878}{1.231.677}}$$

Assim, o Grau de Comprometimento da Receita é calculado como 0,78, isto é:

$$GCR = \frac{963.921,13}{1.231.677,00}$$

Teoricamente, tem-se:

$$0 < GCR < 1$$

Quanto mais próximo de 1 estiver o GCR, maior será o risco operacional do projeto. Um GCR igual a 0,78 significa que o projeto só apresentará lucros a 78% da capacidade máxima.

A Figura 7.1 apresenta o comportamento gráfico da receita e dos custos, bem como a percepção do risco operacional.

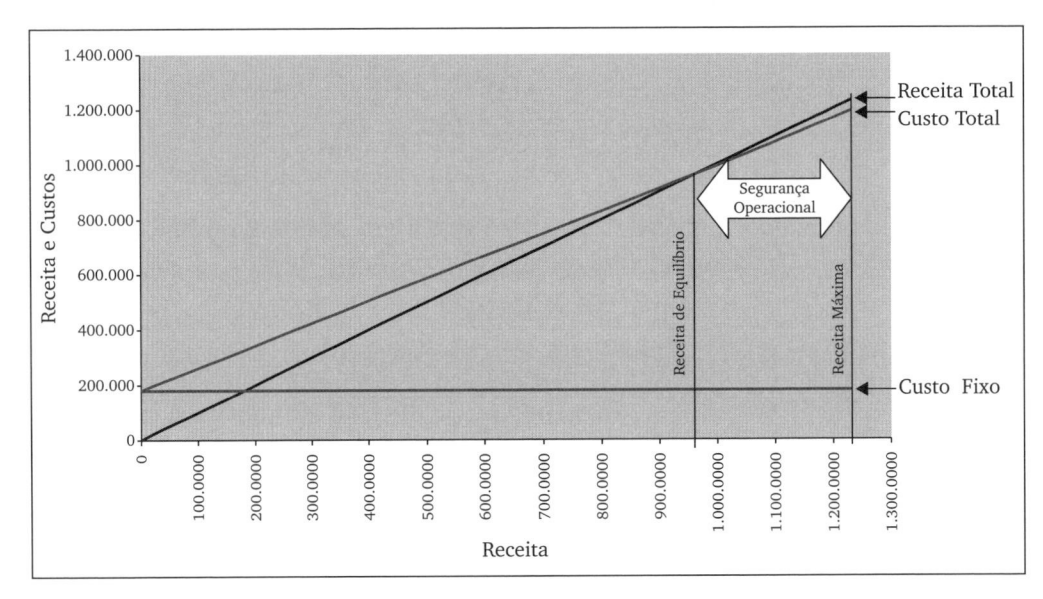

Figura 7.1 *Relação Custo-Volume-Lucro e percepção do Risco Operacional.*

7.2 Risco de gestão

O Risco de Gestão está associado ao grau de conhecimento e de competência do grupo gestor em projetos similares. Argumenta-se que o conhecimento e experiência acumulados sobre o processo produtivo, processo de comercialização, canais de distribuição e, principalmente, na condução de negociações, auxiliam a empresa em períodos turbulentos e desfavoráveis. Essas competências e habilidades podem ser inferidas, numa escala de 0 a 1, por meio de coleta de opiniões de especialistas.

> "... no processo de avaliação de projetos é necessário verificar se a organização reúne as condições para desenvolver o esforço requerido pelo projeto? Por exemplo, a empresa é capaz de atingir o nível de qualidade e o nível de serviço? O projeto leva à posição de mercado desejada? As necessárias competências de marketing estarão disponíveis? Será possível administrar a reação dos competidores do projeto? Como se poderá garantir que as competências requeridas das áreas gerenciais e operativas estarão disponíveis? Será possível tornar disponíveis os materiais e serviços essenciais?" (FERNANDES *et al.* 2002, p. 65).

A Tabela 7.1 apresenta um resultado hipotético para a avaliação da percepção do Risco de Gestão do Exemplo 5.1 do Capítulo 5.

Tabela 7.1 *Avaliação da percepção de Competências e Habilidades do Grupo Gestor.*

Áreas	Administrativo	Produção	Financeiro	Comercial	RH
Aspectos Econômicos	0,40	0,30	0,80	0,70	0,50
Indústria ou Segmento	0,50	0,50	0,80	0,80	0,40
Processo Produtivo	0,50	0,80	0,40	0,50	0,40
Negociação	0,60	0,50	0,70	0,90	0,80
Estratégias de Comercialização	0,30	0,40	0,60	0,90	0,30
Média por Área	0,46	0,50	0,66	0,76	0,48
Média Total	0,57				
Risco de Gestão Percebido	0,43				

* Escala de 0 a 1 onde 1 implica competência suficiente para gerenciar situações de crise.

Embora tenha sido utilizada a média aritmética para a avaliação do Risco de Gestão, nada impede que se atribuam pesos e se utilize média ponderada.

Para a apuração do Risco de Gestão, é fundamental que seja feita uma avaliação dos gestores das áreas funcionais da empresa. Castor (2006, p. 154, 161) apresenta exemplos de aplicação de avaliação de processos internos para uma pequena agência de turismo e para uma pequena escola particular que mantém cursos desde a pré-escola até a última série do ensino fundamental.

7.3 Risco de Negócio

O Risco de Negócio está associado a fatores conjunturais e não controláveis que afetam o ambiente do projeto. Incluem-se aí o grau de concorrência, as barreiras à entrada e à saída, as tendências da economia e do setor de atividade. Informações relevantes para a avaliação do Risco de Negócio são derivadas tanto da opinião de especialistas como das análises clássicas PEST (Fatores Políticos, Econômicos, Sociais e Tecnológicos), 5 Forças de Porter (Concorrência, Novos entrantes, Substitutos, Poder relativo dos grandes fornecedores e Poder relativo de grandes clientes e consumidores) e SWOT (*Strenghts, Weaknesses, Oportunities and Threats*). Castor (2006) apresenta exemplos da aplicação dessas análises clássicas.

A Tabela 7.2 apresenta um resultado hipotético para a avaliação da percepção do Risco de Gestão do Exemplo 5.1 do Capítulo 5.

Tabela 7.2 *Exemplo de Avaliação do Risco de Negócio.*

Pest		5 Forças de Porter		Swot	
Aspecto	**Percepção***	**Aspecto**	**Percepção***	**Aspecto**	**Percepção***
Político-legal	0,2	Entrantes	0,4	Pontos Fortes**	0,6
Econômico	0,4	Substitutos	0,7	Pontos Fracos	0,3
Sociocultural	0,4	Fornecedores	0,3	Oportunidades**	0,4
Tecnológico	0,5	Clientes	0,5	Ameaças	0,7
Demográfico	0,2	Concorrentes	0,6		
Média	0,34		0,5		0,5
	0,45				

* Escala de 0 a 1 onde zero indica ausência de risco e 1 indica risco máximo.
** Escala invertida.

Ajustes de ponderação, tanto nos fatores como nas técnicas de análise, podem ser adotados se isso melhorar a percepção dos riscos envolvidos.

7.4 Síntese dos indicadores de risco

Na Metodologia Multiíndice são utilizados cinco indicadores de risco para avaliar o risco percebido do projeto:

- Índice TMA/TIR como *proxy* da probabilidade de obter retorno maior em aplicações financeiras de baixo risco do que no projeto;

- Índice *Pay-back*/N como *proxy* da probabilidade de não recuperação do capital investido;

- Grau de Comprometimento da Receita (GCR) para avaliar o risco operacional, isto é, para avaliar o percentual da receita máxima que está comprometida com o pagamento dos custos e despesas;

- Risco de Gestão para avaliar o grau de competência do grupo gestor para realizar com sucesso o empreendimento;

- Risco de Negócio para quantificar, mesmo que subjetivamente, as análises clássicas PEST, 5 forças de Porter e SWOT.

A Figura 7.2 permite visualizar a composição do risco percebido para o Exemplo 5.1 do Capítulo 5.

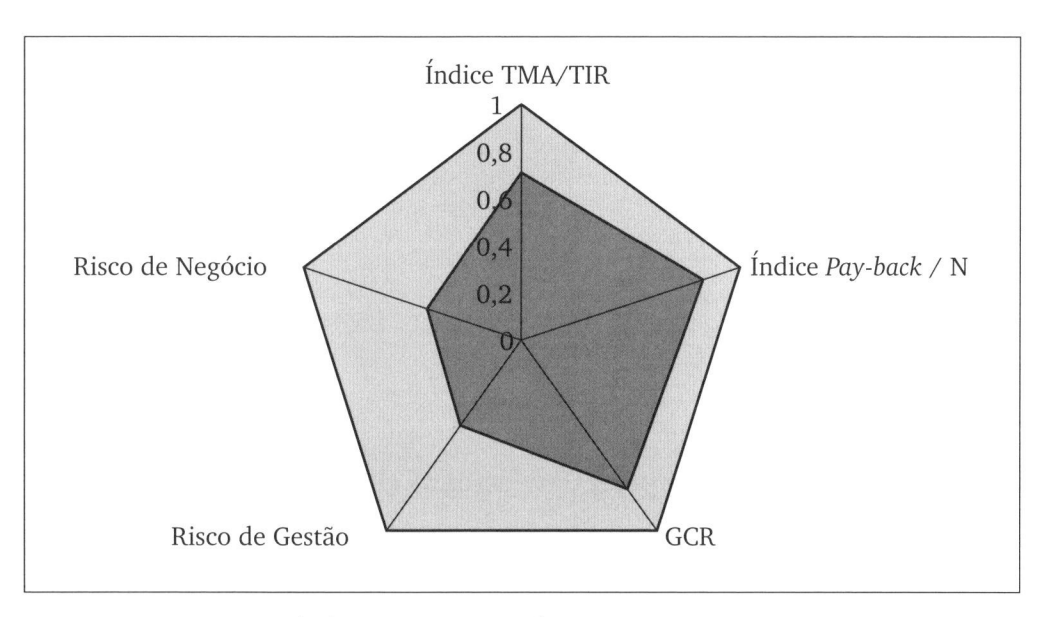

Figura 7.2 *Risco percebido* versus *risco máximo*.

Primeiramente, observa-se que quanto maior for a proporção da área do polígono interno em relação a área total, maior será o risco percebido do projeto. Em segundo lugar, a posição do polígono interior informa sobre a natureza do risco percebido.

A questão remanescente é avaliar se a estimativa de retorno do projeto, medido pelo ROIA, é suficientemente atrativa para compensar o risco percebido. A Figura 7.3 apresenta o confronto da relação retorno *versus* risco percebido.

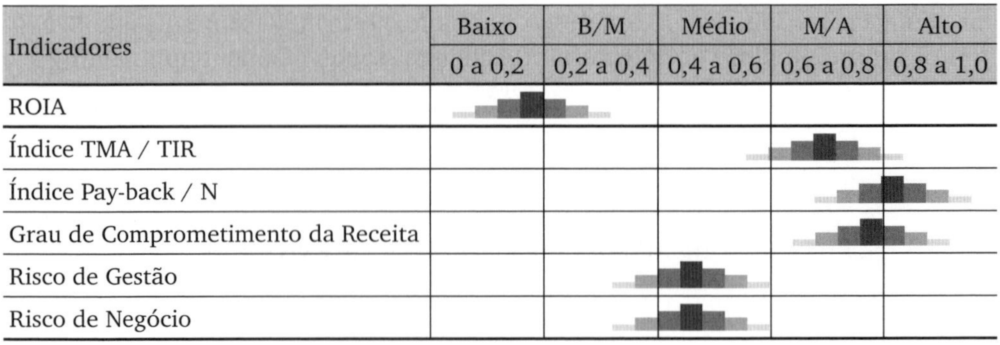

Indicadores	Baixo	B/M	Médio	M/A	Alto
	0 a 0,2	0,2 a 0,4	0,4 a 0,6	0,6 a 0,8	0,8 a 1,0
ROIA	▟				
Índice TMA / TIR				▟	
Índice Pay-back / N					▟
Grau de Comprometimento da Receita					▟
Risco de Gestão			▟		
Risco de Negócio			▟		

Figura 7.3 *Confronto retorno* versus *risco percebido.*

Como os Indicadores de Risco situam-se todos à direita do Indicador de Retorno (ROIA), depreende-se que a relação retorno *versus* risco está desbalanceada, isto é, há baixo retorno para o nível de risco percebido, considerado médio ou médio/alto.

A Figura 7.4 mostra a estrutura de informações para a operacionalização da Metodologia Multiíndice.

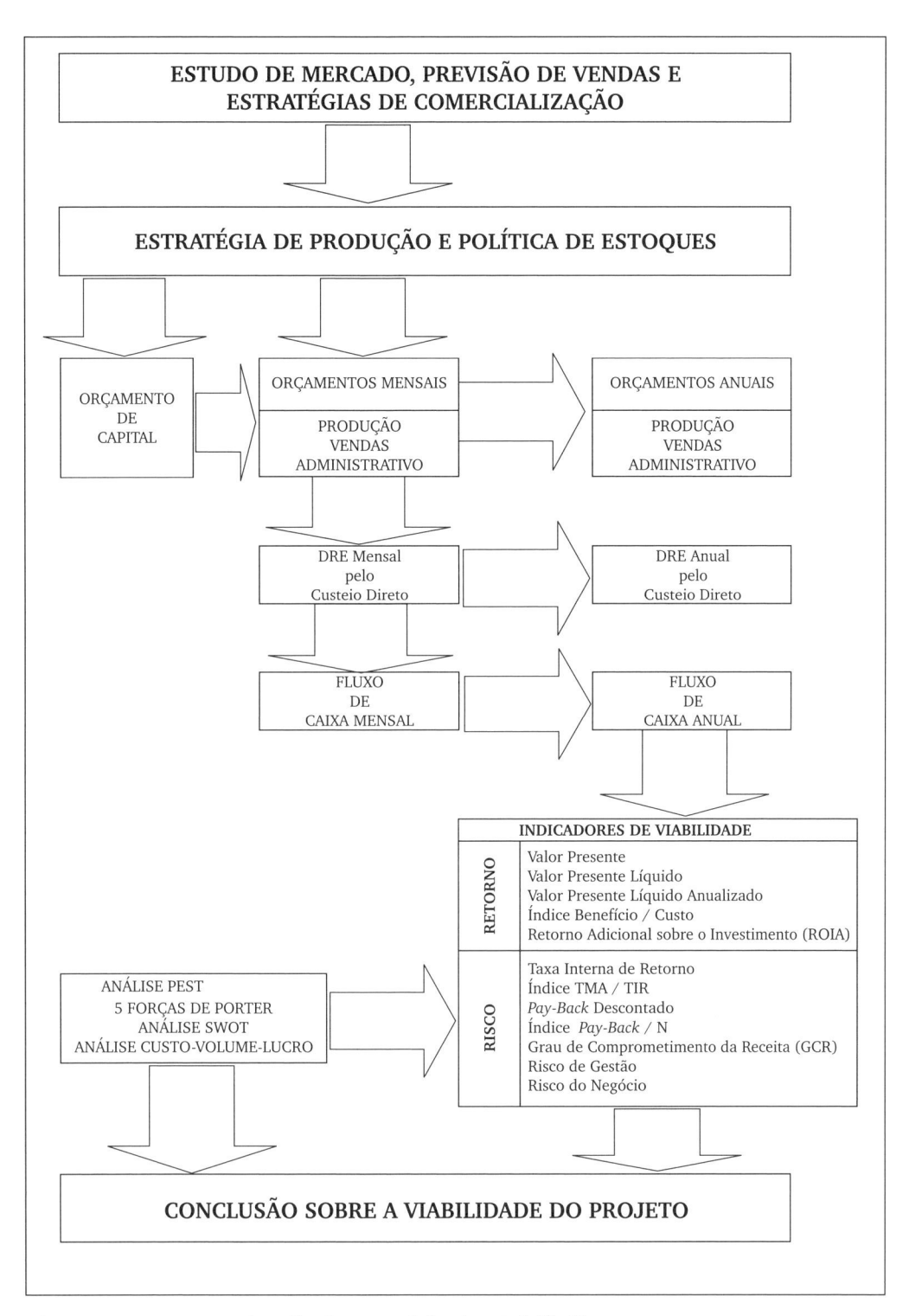

Figura 7.4 *Esquematização da Metodologia Multiíndice.*

7.5 Questões para revisão

1. Alunos do último ano do curso de Administração pretendem colocar em prática uma idéia que foi amadurecida ao longo do curso: serem empresários empreendedores. Pretendem criar a empresa SOYLLA[2] para atuar no mercado de hambúrgueres e *nuggets* semiprontos, congelados e feitos à base de soja (Produtos Texturizados de Soja). Estes produtos combinam os benefícios da soja com a praticidade de produtos congelados e estarão disponíveis nos sabores carne bovina, frango, pizza e salsa e cebola. A Figura 7.5 apresenta a imagem que estará impressa nas embalagens.

Estudos comparativos em relação aos principais concorrentes apresentaram várias informações relevantes que estão sintetizadas no Quadro 7.1.

---

[2] Adaptado do Projeto Empresarial SOYLLA – Congelados de carne de soja, elaborado por Diogo Lionço, Mauricio Kozemjakin da Silva, Ricardo Antonio Zachow Ost, Ricardo Vinícius Quadros e Rodrigo Severalli de Britto, e apresentado como requisito parcial para a conclusão de Curso de Administração do Centro de Ciências Sociais Aplicadas da Pontifícia Universidade Católica do Paraná.

Quadro 7.1 *Posicionamento em relação aos principais concorrentes.*

	Sadia	Perdigão	Samurai Tofu	Soylla
Linhas de Produtos	Empanados, Nuggets e Hamburger. Mix completo de congelados. Produtos à base de soja	Mini Kibe, Hamburger, Pizza, Salsicha e Strogonoff. Mix completo de congelados. Produtos à base de soja.	Hamburger (sabor legumes e cereais, tomate e milho, alho e ervas, calabresa, ervas finas e azeitona verde). Produtos à base de soja.	Nuggets e Hamburger
Embalagem Hamburger Nuggets	Caixa de 420g c/ 6 unidades Caixa de 300g c/ 15 unidades	Caixa de 448g c/8 unidades	A vácuo de 200g c/ 2 unidades	A vácuo de 225g c/ 4 unidades A vácuo de 300g c/ 12 unidades
Preço ao Consumidor				
Hamburger	R$ 8,39	R$ 9,99	R$ 6,29	R$ 4,10
Nuggets	R$ 6,09		R$ 4,90	R$ 4,25
Localização	Paranaguá, Ponta Grossa, Toledo, Dois Vizinhos e Francisco Beltrão (PR); Chapecó e Concórdia (SC); Três Passos (RS), Uberlândia (MG), Duque de Caxias (RJ), Várzea Grande (MS) e Distrito Federal.	Videira, Capinzal, Herval D'Oeste, Salto Veloso e Lages (SC); Cachoeira Alta e Rio Verde (GO); Nova Mutum (MT)	Florianópolis (SC)	Campo Largo (PR) Região Metropolitana de Curitiba
Distribuição	Redes de Supermercados	Redes de Supermercados	Supermercado Consor, Festval, Extra, Mercadorama e Pão de Açúcar	Pequenos estabelecimentos e redes de supermercados
Relacionamento	Web site, 0800 e SAC	Web site, 0800 e SAC	E-mail e telefone direto	Web site, 0800 e SAC
Serviços	Web site – "Suas Receitas"	Web site – "Suas Receitas"	Web site – "Receitas e Sugestões"	Web site – "Suas Receitas" e receitas impressas nas embalagens.
Tradição	Fundada em 1944. Sete unidades industriais espalhadas pelo Brasil	Fundada em 1934. Unidades industriais em cinco estados brasileiros.		"The new kid on the block"

A empresa pretende se instalar no município de Campo Largo, Região Metropolitana de Curitiba. Estrategicamente, a empresa optou por comercializar os seus produtos em pequenos estabelecimentos e redes de supermercados das principais cidades do Paraná – Curitiba e Região Metropolitana, Guarapuava, Cascavel, Foz do Iguaçu, Maringá, Londrina, Paranaguá e Ponta Grossa. Também atenderá os municípios catarinenses de Balneário Camboriu, Jaraguá do Sul e Joinville.

Após estudos de mercado estima-se ser factível atender, inicialmente, 10% do mercado e alcançar 15% no prazo de cinco anos. A Tabela 7.3 apresenta as estimativas de vendas para os próximos dez anos.

Tabela 7.3 *Previsão de vendas da SOYLLA.*

	Ano_1	Ano_2	Ano_3	Ano_4	Ano_5	Ano_6	Ano_7	Ano_8	Ano_9	Ano_{10}
Hamburger – caixas c/ 4 unidades	881.390	1.438.838	1.512.087	1.596.650	1.685.941	1.780.226	1.879.784	1.973.589	2.062.232	2.104.012
Nuggets – caixas c/ 12 unidades	721.014	1.169.171	1.228.692	1.297.406	1.369.962	1.446.576	1.527.475	1.603.699	1.675.729	1.709.679

Além disso, a SOYLLA prospectou vários fornecedores de Proteína Texturizada de Soja com qualidade comprovada, destacando-se os seguintes: Bunge Alimentos S.A., Olvebra S.A. e Bremil – Indústria de Produtos Alimentícios LTDA. Aparentemente não há problemas para a aquisição de matéria-prima.

O Quadro funcional da SOYLLA e respectivos salários estão descritos na Tabela 7.4.

Tabela 7.4 *Quantitativo de Recursos Humanos e salário.*

	Salário Bruto	Número de Funcionários		
	R$	Ano 1	Ano 2	Ano 3 a 10
Gerente Administrativo/Financeiro	2.000	1	1	1
Assistente Administrativo	800	1	2	2
Estagiário	500	2	2	2
Gerente Comercial	1.500	1	1	1
Assistente Comercial	800	1	2	2
Gerente de Produção	1.500	1	1	1
Técnico em Alimentos	1.200	1	1	1
Operador de Máquinas	650	17	20	20
Auxiliar de Produção	500	8	9	9
Total		33	39	39

Para iniciar as operações, os sócios da SOYLLA estimam ser necessários recursos financeiros da ordem de R$ 1.500.000 tal como discriminado na Tabela 7.5.

Tabela 7.5 *Investimento inicial da SOYLLA.*

Descrição	Valor
Ativo Fixo na Área Industrial	785.738
Ativo Fixo na Área Administrativa	17.150
Ativo Fixo na Área Comercial	7.620
Ativos Fixos de uso Compartilhado	10.426
Capital de Giro	626.443
Despesas Pré-operacionais	32.500
Total	1.479.877

As fontes de recursos para o investimento estão detalhadas na Tabela 7.6.

Tabela 7.6 *Fonte de recursos da SOYLLA.*

Descrição	Custo do Capital	Valor	Participação
Recursos Próprios	12% ao ano	658.943	44,53%
Financiamentos de Longo Prazo (BNDES)	15% ao ano	820.934	55,47%
Total		1.479.877	100,00%

Após a elaboração e projeções dos orçamentos de capital, de produção, de despesas comerciais e de despesas administrativas, as informações relevantes foram sintetizadas no Demonstrativo de Resultados do Exercício (Tabela 7.7).

Sobre o fluxo de lucro contábil foram feitos os ajustes necessários para transformá-lo em fluxo de caixa tal como apresentado na Tabela 7.8.

Considere que você tenha sido convidado para participar dessa sociedade. Gere os indicadores de retorno e de risco, interprete cada um dos indicadores, proceda às análises necessárias, escreva um relatório e prepare uma apresentação para a discussão final sobre a viabilidade do empreendimento.

Tabela 7.7 *Demonstrativo de Resultados do Exercício da SOYLLA.*

	Ano 1	Ano 2	Ano 3	Ano 4	Ano 5	Ano 6	Ano 7	Ano 8	Ano 9	Ano 10
Faturamento Bruto	4.342.515	7.067.705	7.427.513	7.842.891	8.281.499	8.744.635	9.233.672	9.694.448	10.129.874	10.335.102
(–) IPI (10%)	0	0	0	0	0	0	0	0	0	0
Receita Bruta	4.342.515	7.067.705	7.427.513	7.842.891	8.281.499	8.744.635	9.233.672	9.694.448	10.129.874	10.335.102
(–) ICMS	781.653	1.272.187	1.336.952	1.411.720	1.490.670	1.574.034	1.662.061	1.745.001	1.823.377	1.860.318
(–) PIS/COFINS	401.683	653.763	687.045	725.467	766.039	808.879	854.115	896.736	937.013	955.997
Receita Líquida de Vendas	3.159.180	5.141.755	5.403.516	5.705.703	6.024.791	6.361.722	6.717.496	7.052.711	7.369.483	7.518.787
(–) Custo Variável do Produto Vendido	1.364.627	2.678.897	2.815.276	2.972.719	3.138.966	3.314.510	3.499.871	3.674.521	3.839.562	3.917.350
(=) Margem Bruta	1.794.553	2.462.858	2.588.240	2.732.984	2.885.825	3.047.212	3.217.625	3.378.190	3.529.921	3.601.437
(–) Despesas Variáveis	644.188	1.007.343	1.058.626	1.117.828	1.180.342	1.246.352	1.316.053	1.381.726	1.443.787	1.473.037
(=) Margem Líquida	1.150.365	1.455.515	1.529.614	1.615.156	1.705.482	1.800.860	1.901.572	1.996.464	2.086.135	2.128.400
(–) Custos Fixos	586.440	688.887	668.887	668.887	668.887	668.887	668.887	668.887	668.887	668.887
(–) Despesas Fixas (exclusive juros)	331.476	380.039	377.494	333.991	333.991	333.991	333.991	359.440	359.440	359.440
(=) Resultado antes de Juros, IR e CSL	232.449	406.589	483.233	612.278	702.604	797.982	898.694	968.137	1.057.808	1.100.073
(–) Despesas Fixas de Juros	87.909	79.851	62.269	44.687	27.105	9.524	0	0	0	0
(=) Resultado antes IR e CSL	144.540	326.738	420.964	567.591	675.499	788.458	898.694	968.137	1.057.808	1.100.073
(–) Imposto de Renda Pessoa Jurídica	21.681	44.674	54.096	68.759	79.550	90.846	101.869	108.814	117.781	122.007
(–) Contribuição Social sobre o Lucro	13.009	29.406	37.887	51.083	60.795	70.961	80.882	87.132	95.203	99.007
Resultado Líquido do Exercício	109.850	252.658	328.981	447.749	535.154	626.651	715.942	772.191	844.824	879.059

Tabela 7.8 *Fluxo de Caixa da SOYLLA.*

	Ano$_0$	Ano$_1$	Ano$_2$	Ano$_3$	Ano$_4$	Ano$_5$	Ano$_6$	Ano$_7$	Ano$_8$	Ano$_9$	Ano$_{10}$
Entradas de Caixa		3.937.136	7.028.441	7.379.802	7.792.512	8.228.302	8.688.463	9.174.359	9.640.592	10.073.599	10.315.386
Saídas de Caixa		4.654.050	6.814.763	7.101.627	7.405.246	7.761.503	8.138.431	8.543.310	8.952.398	9.319.401	9.498.853
Saldo de Caixa		− 716.914	213.678	278.175	387.266	466.799	550.032	631.049	688.194	754.198	816.533
(+) Depreciação		94.596	94.596	94.596	94.596	94.596	94.596	94.596	94.596	94.596	94.596
(−) Amortização do Financiamento			164.187	164.187	164.187	164.187	164.187	0	0	0	0
(−) Investimento Inicial em Ativo Fixo	820.934										
(−) Despesas Pré-operacionais	32.500										
(−) Capital de Giro	626.443										
(+) Liberação do Financiamento	820.934										
(+) Valor Residual											618.708
(=) Fluxo de Caixa do Investidor	− 658.943	− 622.318	144.087	208.584	317.675	397.208	480.441	725.645	782.790	848.794	1.529.837

8

Múltiplas Alternativas de Investimentos

Para a análise das múltiplas alternativas de investimentos, pode-se utilizar qualquer um dos métodos já estudados. Em se tratando de múltiplas alternativas, é possível que elas apresentem investimento inicial diferenciado e vidas úteis diferentes. Em função dessas diferenças, os métodos relativizados (Taxa Interna de Retorno e Índice Benefício/Custo) não são recomendados. Restam então os Métodos do Valor Presente Liquido e do Valor Presente Líquido Anualizado. Para projetos com mesmo horizonte de planejamento, o Método do Valor Presente Líquido é o de mais fácil aplicação. Para projetos com vidas úteis diferentes, o Método do Valor Presente Líquido Anualizado é o que requer menor quantidade de ajustes.

Um elenco de projetos pode contemplar projetos mutuamente exclusivos, projetos independentes, projetos contingentes ou qualquer combinação destes.

8.1 Projetos mutuamente exclusivos

Dois ou mais projetos são ditos mutuamente exclusivos quando a seleção de um deles, necessariamente, elimina os demais. Assim, num elenco de n projetos mutuamente exclusivos, apenas um deles deve ser selecionado. O critério mais prático e mais comum é selecionar aquele projeto que apresente maior Valor Presente Líquido. O exemplo a seguir ilustra essa situação.

Exemplo: Uma empresa está considerando quatro possíveis alternativas de investimentos (Projetos A, B, C e D). A TMA da empresa é de 6% ao ano após Imposto de Renda. Todos os projetos têm horizonte de planejamento igual a dez anos. Outras informações relevantes para a tomada de decisão estão apresentadas no quadro abaixo.

Projetos	Investimento Inicial	Fluxo de Caixa após IR	VPL	TIR
A	$ 10.000	$ 1.628	1.982	10,01%
B	$ 20.000	$ 3.116	2.934	9,00%
C	$ 50.000	$ 7.450	4.833	8,00%
D	$ 20.000	$ 3.256	3.964	10,01%

Se os projetos forem mutuamente exclusivos, qual deles deve ser selecionado?

Solução: Para atender ao objetivo de maximização do valor da empresa, deve-se selecionar aquele projeto que apresente maior Valor Presente Líquido. No caso, o Projeto *C*, com Valor Presente Líquido igual a $ 4.833, deve ser selecionado.

8.2 Projetos independentes

Dois ou mais projetos são ditos independentes se a escolha de um deles não excluir, necessariamente, a escolha dos demais. Assim, num elenco de *n* projetos, deve-se selecionar um conjunto de '*k* ≤ *n*' projetos que maximizem o valor da empresa. É intuitivo que todos os projetos com Valor Presente Líquido positivo estarão incluídos entre os *k* projetos selecionados. Em resumo, para o caso de projetos independentes, todos os projetos com Valor Presente Líquido positivo devem ser selecionados. O exemplo abaixo ilustra essa situação.

Exemplo: Considere-se o mesmo exemplo do item anterior, apenas trocando a hipótese de projetos mutuamente exclusivos pela hipótese de projetos independentes.

Solução: Sendo os projetos independentes e com Valor Presente Líquido positivo, então todos devem ser selecionados. Nesse caso, o Valor Presente Líquido da Carteira (Projetos *A*, *B*, *C* e *D*) será de $ 13.713.

8.3 Projetos dependentes

Dois ou mais projetos são ditos dependentes quando a seleção de um deles alterar a decisão com respeito aos demais projetos da carteira. Assim, a simples presença de uma restrição orçamentária (orçamento de capital limitado) torna os projetos dependentes do ponto de vista financeiro. Nesse caso, deve-se selecionar aqueles projetos que maximizem o Valor da Empresa (maximização do VPL) e cujas demandas por investimento não ultrapassem o orçamento de capital.

A dependência também pode ser especificada por fatores técnicos. Por exemplo, a compra de um trator e a compra de seus implementos (arado, grade, carreta e pulverizador) não podem ser consideradas alternativas distintas de investimentos. O arado, a grade, a carreta e o pulverizador, embora considerados projetos independentes, só fazem sentido se o trator for adquirido, estabelecendo assim uma relação de dependência entre os implementos e o equipamento principal. O exemplo abaixo ilustra uma situação de dependência em função de uma restrição orçamentária.

Exemplo: Considere-se o mesmo exemplo do item anterior, incluindo, agora, uma restrição orçamentária da ordem de $ 80.000.

Solução:

Carteira	Investimento Necessário	VPL	*Status*
A	$ 10.000	1.982	viável
B	$ 20.000	2.934	viável
C	$ 50.000	4.833	viável
D	$ 20.000	3.964	viável
AB	$ 30.000	4.916	viável
AC	$ 60.000	6.815	viável
AD	$ 30.000	5.946	viável
BC	$ 70.000	7.767	viável
BD	$ 40.000	6.898	viável
CD	$ 70.000	8.797	viável
ABC	$ 80.000	9.749	viável
ABD	$ 60.000	8.880	viável
ACD	**$ 80.000**	**10.779**	**ótima**
BCD	$ 90.000	11.731	inviável
ABCD	$ 100.000	13.713	inviável

8.4 Formulação matemática do problema

A análise de múltiplas alternativas de investimentos pode ser feita também via programação matemática. O problema se resumiria então em maximizar o Valor Presente Líquido da Carteira e ainda atender às restrições impostas pelo problema. Apenas para efeito de ilustração, considere-se o exemplo a seguir.

Exemplo: Tome-se o mesmo exemplo do item anterior, incluindo, além da restrição orçamentária de $ 80.000, mais as seguintes restrições:

a. Projeto A e Projeto B são mutuamente exclusivos;

b. Projeto C é dependente do projeto D.

Solução:

Objetivo: Selecionar a carteira que apresente Valor Presente Líquido Máximo e que atenda às restrições impostas pelo problema.

*Variáveis: $X_j = 1$ se o Projeto j ($j = A, B, C$ ou D) for incluído na carteira;

$X_j = 0$ se o Projeto j ($j = A, B, C$ ou D) não for incluído na carteira

Formulação Matemática:

MAX $ $1.982 X_A + \$ 2.934 X_B + \$ 4.833 X_C + \$ 3.964 X_D$

Sujeito A:

$ $10.000 X_A + \$ 20.000 X_B + \$ 50.000 X_C + \$ 20.000 X_D < = \$ 80.000$

$1X_A + 1X_B \leq 1$

$1X_C - 1X_D \leq 0$

$X_j = 0$ ou 1 para qualquer j.

Solução:

Variável	Valor	VPL
X_A	1	1.982
X_B	0	0
X_C	1	4.833
X_D	1	3.964
VPL MÁXIMO		10.779

8.5 Questões para revisão

1. Uma empresa, cuja TMA é de 12% ao ano, após eliminações das alternativas de investimentos dominadas ou não viáveis tecnicamente, ficou com o seguinte elenco de projetos para serem analisados:

Projetos	Investimento Inicial	Benefício Líquido	Valor Residual
A	100.000	24.200	12.000
B	130.000	27.000	13.000
C	150.000	34.000	15.000
D	180.000	36.000	20.000
E	220.000	40.000	22.000
F	250.000	42.000	25.000

Considerando-se um horizonte de planejamento de oito anos, especifique qual a combinação ótima da carteira de projetos para cada uma das situações a seguir:

a. Na hipótese de os projetos serem mutuamente exclusivos, que projetos deveriam ser selecionados?

b. Considerando-se que os projetos sejam independentes, que projetos deveriam ser selecionados?

c. Considerando-se que os projetos sejam independentes e que exista uma restrição orçamentária de $ 550.000 para investimento, que projetos deveriam ser selecionados?

d. Considerando-se que os projetos sejam modulares, isto é, possam ser replicados, que projetos deveriam ser selecionados se a restrição orçamentária para investimento for de $ 650.000?

e. Idem item *d*, com um limite máximo de três réplicas por projeto.

2. Considere uma situação em que existam cinco alternativas de investimentos cujas informações relevantes estejam contidas no quadro a seguir.

Projeto	Investimento Inicial	Receita	Custo
A	100.000	38.610	11.050
B	80.000	24.630	9.020
C	110.000	34.650	12.200
D	25.000	9.800	5.000
E	60.000	18.200	10.000

Considere um horizonte de planejamento igual a dez anos e TMA igual a 12% ao ano. Considere também que os projetos *B* e *C* sejam mutuamente exclusivos; que o projeto *A* seja pré-requisito do projeto *D* e que o projeto *E* seja pré-requisito do projeto *B*. Se o total de capital disponível para aplicação nesses projetos está limitado a $ 200.000, qual seria a combinação ótima de projetos a ser selecionada?

9

Risco e Incerteza

Um fato real, e que introduz uma nova dimensão na análise de projetos de investimentos, é a incerteza. Esta tem origem na impossibilidade de se controlarem os eventos futuros. Pode-se fazer previsão sobre os eventos futuros, mas não se pode determinar exatamente quando e com que intensidade eles irão ocorrer. Exemplos clássicos desses eventos são o comportamento futuro da economia, as vendas futuras de certo produto, o desgaste e custos de manutenção de equipamentos etc. Apesar da incerteza, o tomador de decisão tem de decidir, à luz das informações disponíveis, qual o melhor curso de ação a ser tomado.

Os capítulos anteriores tinham como pressuposto o conhecimento determinístico dos elementos que compõem o fluxo de caixa, ou seja, admitia-se conhecer com certeza a taxa de desconto a ser utilizada, a duração do projeto e quais seriam as receitas e os custos previstos para cada período. Estimar os valores (ingressos e desembolsos) e compor o fluxo de caixa representativo de um projeto de investimento com os valores resultantes significa utilizar aproximações ou médias. Para evitar a fragilidade dessa abordagem, recorre-se a técnicas de análise que levem em conta a aleatoriedade dos elementos que compõem o fluxo de caixa de um projeto de investimento.

A distinção, de natureza muito mais acadêmica do que prática, entre risco e incerteza, está associada ao grau de conhecimento que se tem sobre o futuro. O termo *incerteza* é geralmente utilizado quando a informação disponível é tão escassa que não se sabe quais os eventos possíveis ou se sabe os eventos possíveis, mas não se consegue atribuir probabilidades a eles. O termo *risco* é utilizado quando a informação disponível é suficiente para determinar os possíveis eventos e atribuir-lhes probabilidades. As situações de incerteza absoluta são raras porque em geral é possível pelo menos estabelecer limites para as variáveis de interesse.

As técnicas mais conhecidas para tratar risco e incerteza são Análise de Sensibilidade, Geração Analítica da Distribuição de Probabilidade do Valor Presente Líquido do Projeto e Geração Numérica da Distribuição de Probabilidade do Valor Presente Líquido do Projeto.

9.1 Análise de sensibilidade

A técnica de Análise de Sensibilidade é utilizada para o caso em que há poucos componentes do fluxo de caixa sujeitos a aleatoriedade e o grau dessa aleatoriedade seja baixo. É o caso de pequenas variações na Taxa de Mínima de Atratividade, no Investimento Inicial ou nos Benefícios Líquidos Periódicos, ou no prazo do projeto. Por exemplo, pode-se não ter certeza sobre qual taxa de desconto utilizar, mas pode-se esperar que se situe no intervalo de 8 a 10%. Outro exemplo é o de não se saber exatamente qual o crescimento futuro das vendas, mas ter como razoável que a taxa de crescimento não ultrapasse 20%.

A técnica de Análise de Sensibilidade é de aplicação bastante simples. Pará aplicá-la, basta variar os parâmetros de entrada, um de cada vez, resolver o problema e ir anotando os resultados obtidos. Assim, ao invés de ter um único resultado, ter-se-á um resumo dos resultados em função dos valores dos parâmetros do problema. Para cada taxa de desconto utilizada, haverá um Valor Presente Líquido (VPL). O mesmo acontecerá para cada taxa de crescimento das vendas, duração do projeto etc.

A idéia básica, ao se utilizar a técnica de Análise de Sensibilidade, é a de verificar quão sensível é a variação do VPL à variação de um dos componentes do fluxo de caixa. Os parâmetros que, proporcionalmente, provocarem maior variação no VPL serão classificados como sensíveis ou críticos. Esses parâmetros deveriam merecer investigações adicionais para melhorar sua estimativa e, por conseqüência, melhorar também as informações relevantes para a tomada de decisão. Para ilustrar essa técnica, considere-se o seguinte exemplo:

Exemplo 9.1: Um projeto demanda investimento inicial de $ 25.000. Os benefícios líquidos anuais serão, por força de contrato, no mínimo iguais a $ 6.000 pelos próximos 8 anos. Além desses benefícios, a empresa espera obter benefícios que irão depender do comportamento da economia. A empresa acredita que a taxa de crescimento anual dos benefícios provenientes do mercado não ultrapassará 10% e, por questão de capacidade de produção, esses benefícios não ultrapassarão o valor de $ 9.000. A taxa de desconto a ser utilizada pela empresa também contém um componente de incerteza, podendo oscilar entre 10% até 12% ao ano. Analisar a viabilidade do projeto.

Solução: A solução desse problema pela abordagem da Análise de Sensibilidade consiste em introduzir pequenas variações nos parâmetros e observar o comportamento do VPL em decorrência dessas variações. Para esse problema, em particular, foram criados cenários imaginando-se que os benefícios líquidos aumentem segundo as seguintes taxas: 2%, 3%, 4%, 5%, 7,5% e 10%. Para cada um desses cenários, calculou-se o VPL do projeto para cada uma das possíveis taxas de mínima atratividade, isto é: 10%, 10,5%, 11%, 11,5% e 12%.

A Tabela 9.1, a seguir, apresenta os fluxos de caixa para os diferentes cenários de crescimento.

Tabela 9.1 *Fluxo de caixa para diferentes cenários de crescimento.*

PERÍODO	TAXA DE CRESCIMENTO						
	0%	2%	3%	4%	5%	7,5%	10%
0	– 35.000	– 35.000	– 35.000	– 35.000	– 35.000	– 35.000	– 35.000
1	6.000	6.120	6.180	6.240	6.300	6.450	6.600
2	6.000	6.242	6.365	6.490	6.615	6.933	7.260
3	6.000	6.367	6.556	6.749	6.946	7.453	7.986
4	6.000	6.495	6.753	7.019	7.293	8.013	8.785
5	6.000	6.624	6.956	7.300	7.658	8.614	9.000
6	6.000	6.757	7.164	7.592	8.040	9.000	9.000
7	6.000	6.892	7.379	7.896	8.442	9.000	9.000
8	6.000	7.030	7.601	8.211	8.865	9.000	9.000

A Figura 9.1 ilustra o comportamento do Valor Presente Líquido em função de diferentes taxas de mínima atratividade e de crescimento do mercado.

		TMA %				
		10,0	10,5	11,0	11,5	12,0
TAXA DE CRESCIMENTO	0,0	– 2.990	– 3.565	– 4.123	– 4.666	– 5.194
	2,0	– 314	– 952	– 1.572	– 2.175	– 2.761
	3,0	1.113	440	– 213	– 848	– 1.465
	4,0	2.601	1.893	1.205	536	– 114
	5,0	4.155	3.409	2.684	1.980	1.295
	7,5	6.913	6.110	5.331	4.573	3.838
	10,0	8.486	7.660	6.857	6.078	5.320

Figura 9.1 *VPL para diferentes TMA's e taxas de crescimento.*

Pela análise dos cenários anteriores, verifica-se que o projeto será inviável se a economia não se expandir e, por conseqüência, o mercado não crescer, mantendo-se o benefício anual no piso de $ 6.000. Inspecionando-se rapidamente os resultados, pode-se afirmar que a viabilidade do projeto depende mais fortemente da taxa de crescimento do mercado do que da variabilidade da TMA. Se a taxa de crescimento for superior a 4%, os resultados (VPL) tendem a viabilizar o projeto. Em resumo, o presente projeto apresenta risco considerável, e a decisão de executá-lo depende do grau de aversão ao risco do tomador de decisão. O tomador de decisão poderia tentar mensurar o risco determinando a probabilidade de o presente projeto ser inviável. Para tal, é necessário que se conheçam as probabilidades associadas a cada uma das possíveis taxas de crescimento dos benefícios anuais e também dos possíveis valores para a TMA.

Dependendo das opções de análise que se façam, a Análise de Sensibilidade poderia envolver outros indicadores de viabilidade, bem como poderia envolver dois ou mais desses indicadores simultaneamente. O analista que estivesse, por exemplo, interessado no VPL e no *pay-back* poderia observar como esses indicadores são afetados por variações em fatores como preços de venda e preço de algum insumo representativo dos custos operacionais.

9.2 Geração analítica da distribuição do VPL

Quando se admite explicitamente que os valores que compõem o fluxo de caixa de um projeto de investimento são de natureza aleatória, busca-se determinar a Função Densidade de Probabilidade (*fdp*) do Valor Presente Líquido. A geração da *fdp* do *VPL* pode ser feita analítica ou numericamente. A geração analítica tem como pré-requisito o conhecimento da distribuição de probabilidade do fluxo de benefícios ou, na ausência dessa, o valor médio e a variância de cada um dos componentes aleatórios do projeto. Para analisar essa situação, considere-se o fluxo de caixa abaixo, onde o benefício do período j é representado pela variável aleatória X_j, com média μ_j e variância σ^2_j, conhecidas.

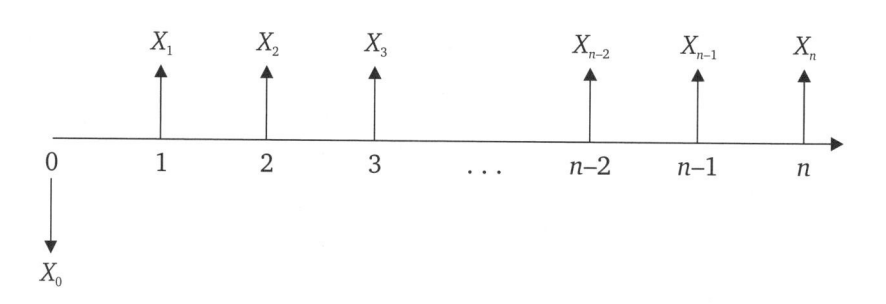

O suporte teórico para a geração analítica da *fdp* do *VPL* do fluxo de caixa acima é o Teorema do Limite Central. Este teorema, sob condições especiais, demonstra que a soma de n variáveis aleatórias independentes tende para uma distribuição normal com média igual à soma das médias e variância igual à soma das variâncias. As condições para validar o Teorema Central do Limite, segundo HINES e outros (1972, p. 176), é que as variáveis aleatórias sejam independentes e que nenhuma delas contribua significativamente para a soma das variâncias.

Aplicando-se o Teorema do Limite Central ao fluxo de caixa apresentado anteriormente, conclui-se que a função densidade de probabilidade do Valor Presente Líquido do projeto será normalmente distribuída com média μ

$$\mu = \sum_{j=0}^{n} \frac{[\mu_j]}{(1 + i)^j}$$

e variância σ^2

$$\sigma^2 = \sum_{j=0}^{n} \frac{[\sigma^2_j]}{[(1 + i)^2]^j}$$

Da leitura do teorema, constata-se que seria necessária independência entre os componentes do fluxo de caixa representativo de certo projeto de investimento. Na prática, essa hipótese nem sempre pode ser satisfeita e isso traz complicações adicionais para a geração analítica da *fdp* do *VPL*. CASAROTO FILHO e KOPITTKE (1987, p. 180-193) desenvolveram modelos para o caso de valores perfeitamente correlacionados no fluxo de caixa. Na prática, a hipótese de perfeita correlação não é muito comum, limitando o uso desses modelos.

Outra limitação para o uso da abordagem analítica para a geração da *fdp* do *VPL* de um projeto é a dificuldade de se identificarem as funções de probabilidade que irão representar cada um dos benefícios do fluxo de caixa do projeto. Alguns autores têm advogado o uso da Distribuição Beta. O argumento para o uso da Distribuição Beta tem recaído no fato de ter uma configuração bastante genérica e poder ser caracterizada por três parâmetros locacionais (um valor mínimo a, um valor mais provável m e um valor máximo b). De posse desses parâmetros, a média e a variância do benefício X_j podem ser calculadas respectivamente por

$$\mu_j = (a + 4m + b)/6$$

e

$$\sigma^2_j = [(b - a)/6]^2$$

É incontestável a simplicidade das fórmulas da média e da variância da Distribuição Beta, decorrendo daí um apelo para o seu uso. Contudo, as fórmulas acima só são válidas em condições especiais, quando se fixam os outros dois parâmetros da Distribuição Beta que, a rigor, é definida por cinco parâmetros. Para um aprofundamento dessa questão, ver o trabalho de SOUZA (1980, p. 16-24).

As dificuldades esplanadas talvez sejam as principais causas para o uso limitado da abordagem analítica para a geração da *fdp* do *VPL* dos projetos de investimentos.

Para ilustração, considere-se o seguinte exemplo:

Exemplo 9.2: Um projeto demanda investimento inicial de $ 50.000 e terá duração de dez anos. Os benefícios líquidos anuais serão, por força de contrato, iguais a $ 7.000. Além desses benefícios, a empresa espera obter benefícios adicionais que irão depender do comportamento da economia. A empresa espera poder obter benefícios adicionais que variarão de $ 1.000 a $ 5.000, isto é, qualquer valor nesse intervalo é igualmente provável. A taxa de desconto a ser utilizada pela empresa é 10% ao ano. Analisar a viabilidade do projeto.

Solução: Da análise do enunciado do problema, depreende-se que os benefícios são uniformemente distribuídos no intervalo que vai de $ 8.000 a $ 12.000. Sabe-se que se uma variável aleatória X é uniformemente distribuída no intervalo [a; b], sua média μ_j e sua variância σ^2_j serão dadas respectivamente por:

$$\mu_j = (a + b)/2$$

e

$$\sigma^2_j = \frac{(b - a)^2}{12}$$

Para o problema em análise, os respectivos valores da média e da variância serão:

$$
\begin{aligned}
\mu_j &= (8.000 + 12.000)/2 \\
&= 10.000
\end{aligned}
$$

e

$$
\begin{aligned}
\sigma^2_j &= (12.000 - 8.000)^2/12 \\
&= 1.333.333,33
\end{aligned}
$$

De posse dos valores da média e da variância dos benefícios, recorre-se ao Teorema do Limite Central para encontrar a função densidade de probabilidade do Valor Presente Líquido do Projeto de investimento. Por esse teorema, sabe-se que a função densidade procurada será normalmente distribuída com média μ igual a:

$$
\begin{aligned}
\mu &= -50.000 + \sum_{j=1}^{10} \frac{[10.000]}{(1 + 0,10)^j} \\
&= 11.445
\end{aligned}
$$

e variância σ^2 igual a:

$$
\begin{aligned}
\sigma^2 &= \sum_{j=1}^{n} \frac{[1.333.333]}{[(1 + 0,10)^j]^2} \\
&= 5.405.436
\end{aligned}
$$

Assim, consegue-se especificar a *fdp* do *VPL* do projeto como sendo $\sim N(11.445; 5.405.436)$, como apresentada na Figura 9.2.

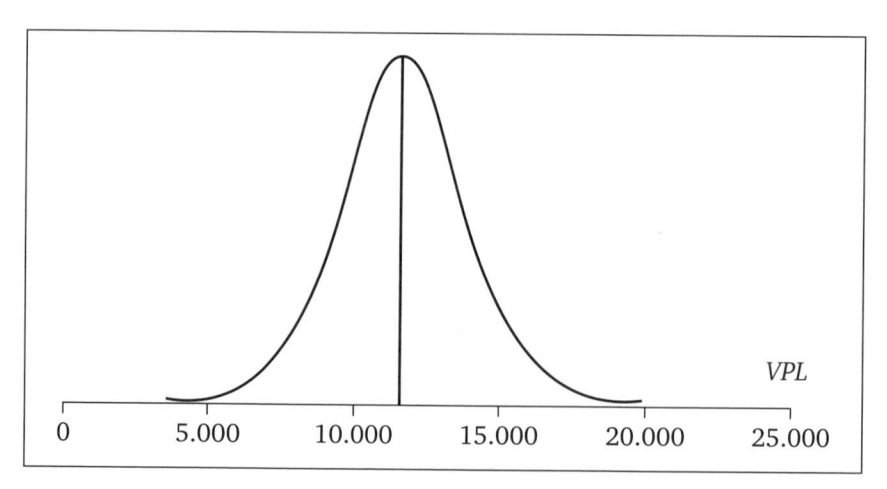

Figura 9.2 *Função densidade de probabilidade do VPL do Projeto.*

A importância de conhecer a *fdp* do *VPL* do projeto reside em poder responder a qualquer pergunta sobre o desempenho do projeto em termos do binômio risco-retorno, isto é, pode-se responder o quão provável é a ocorrência de determinado *VPL*. Por exemplo, nesse caso, usando-se o conhecimento que se tem da distribuição normal, podem-se calcular as probabilidades de ocorrência para diferentes valores do *VPL* do projeto com base em intervalos baseados no desvio-padrão. A Tabela 9.2 ilustra esse procedimento.

Tabela 9.2 *Probabilidade de ocorrência de intervalos de confiança para o VPL.*

Limite inferior (*a*)	Limite superior (*b*)	Afastamento da média	P(*a* < *VPL* < *b*)
9.120	13.770	1σ	68,0%
6.795	16.095	2σ	95,5%
4.470	18.420	3σ	99,7%

Além disso, da análise dos resultados da Tabela 9.2, pode-se concluir, sem necessidade de cálculos adicionais, que a probabilidade de esse projeto apresentar prejuízo (*VPL* < 0) é praticamente zero. O mesmo ocorre também para a probabilidade de ocorrência de *VPL* com valores superiores a $ 20.000.

9.3 Geração numérica da distribuição do VPL

A geração analítica da *fdp* do *VPL* teve como pré-requisito o conhecimento da distribuição de probabilidade dos valores do fluxo de caixa, ou na ausência desse, o valor médio e a variância de cada um desses valores. Porém, nem sempre a geração analítica da *fdp* do *VPL* de um projeto é uma tarefa trivial. Raramente se conhecem as distribuições de probabilidade associadas ao fluxo de benefícios do projeto. O caso mais comum é o de se poder estimar com relativa facilidade um valor médio para certo benefício sem, contudo, ter a mesma facilidade para estimar a variância. Para dificultar um pouco mais o uso da abordagem analítica, existem incertezas associadas à duração do projeto e relações de interdependência entre os benefícios do fluxo de caixa.

A abordagem numérica é experimental, isto é, geram-se diversos cenários que obedeçam às características do fluxo de caixa estimado e, posteriormente, sistematizam-se os resultados dos experimentos em tabelas e gráficos. Essa abordagem também é conhecida como simulação. A tabela de freqüência resultante dos experimentos serve como aproximação da *fdp* do *VPL* do projeto.

Considere-se o fluxo de caixa a seguir, em que o benefício do período *j* é representado pela variável aleatória X_j com média μ_j e variância σ^2_j, ambas conhecidas.

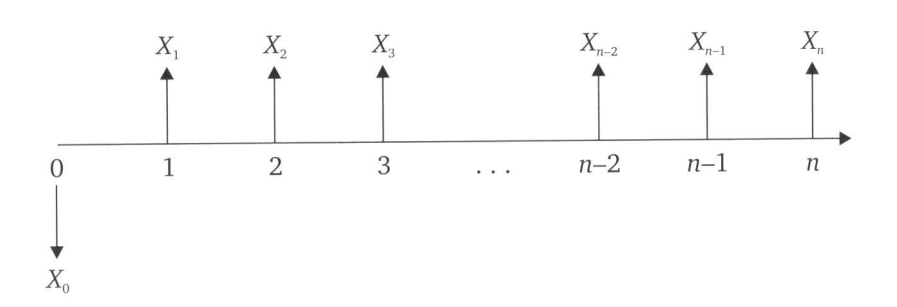

A geração numérica da *fdp* do *VPL* do projeto de investimento consiste em gerar valores para cada benefício X_j segundo a função densidade de probabilidade que o caracteriza. Uma vantagem da abordagem numérica é que a distribuição de probabilidade de X_j pode ser uma distribuição empírica.

Para a geração dos X_j, o procedimento mais comum é utilizar os geradores de números aleatórios disponíveis na maioria dos *softwares*, por exemplo, o comando ALEATÓRIO() do EXCEL. Esse gerador, como o próprio nome indica, gera números uniformemente distribuídos no intervalo entre zero e um. Dispondo-se de um gerador [0;1] e conhecendo-se a inversa da função distribuição de probabilidade (FDP) de X_j pode-se gerar um valor R_j, para representar uma ocorrência de X_j. O quadro a seguir ilustra esse procedimento para as distribuições uniforme e exponencial.[1]

---

[1]   Para um aprofundamento do assunto relativo à geração de variáveis aleatórias, ver GORDON (1978, p. 128-141).

Distribuição	FDP	R_j
Uniforme $[a; b]$	$F(x) = (x - a)/(b - a)$	$R = a + (b - a)*$ ALEATÓRIO()
Exponencial (λx)	$F(x) = 1 - \exp(-\lambda x)$	$R = -\text{Ln}[\text{ALEATÓRIO}()]/\lambda$

Mesmo quando não se dispõe da inversa da *FDP*, é possível, através de técnicas de rebatimento, gerar uma variável aleatória segundo uma distribuição empírica dada. No EXCEL, isso pode ser feito facilmente pelo comando PROCV.

Para ilustrar a geração numérica da *fdp* do *VPL* de um fluxo de caixa de natureza aleatória, considere-se o seguinte exemplo:

Exemplo 9.3: Uma empresa, cuja TMA é 8% ao ano, está considerando a possibilidade de expandir a atual linha de calçados infanto-juvenis. Os dados preliminares relevantes para a análise são:

Investimento inicial	$ 1.150.000
Vendas anuais estimadas (pares)	U~[30000;40000]*
Margem de contribuição (par)	U~[$7,60;$8,40]*
Custo fixo anual	$ 10.000
Vida útil	6 anos

* Valores uniformemente distribuídos.

Com base nas informações acima, analisar a viabilidade do empreendimento.

Solução: Da análise do enunciado do problema, depreende-se que o benefício X_j é resultante do produto de duas variáveis aleatórias uniformemente distribuídas (quantidade e margem de contribuição). Sabe-se que se uma variável aleatória X_j é uniformemente distribuída no intervalo $[a; b]$, então, uma representação R_j de X_j pode ser obtida por:

$$R_j = a + (b - a)* \text{ ALEATÓRIO}()$$

Para o presente caso, R_j será dado por:

$$R_j = [30.000 + 10.000*\text{ALEATÓRIO}()]*[7,60 + 0,8*\text{ALEATÓRIO}()] - 10.000$$

Tendo em vista que a vida útil considerada é de seis anos, um experimento consistirá em obter seis valores aleatórios (R_1, R_2,..., R_6) segundo a fórmula anterior. O fluxo de caixa representativo do projeto terá então a seguinte configuração:

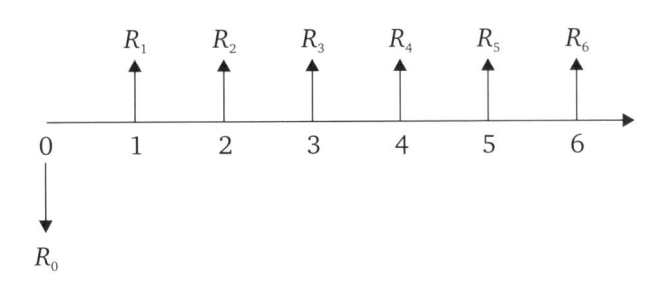

Para chegar à distribuição de valores do *VPL* e suas respectivas probabilidades, deve-se repetir o experimento *n* vezes, compondo uma amostra do fluxo de caixa e, então, sistematizar os resultados. É evidente que a escolha do tamanho da amostra depende da variabilidade dos R_j. Para efeito de ilustração, utilizaram-se os recursos do EXCEL para gerar 100 réplicas (amostra de tamanho 100) do fluxo de caixa, segundo as especificações de variabilidade apresentadas anteriormente. A seqüência de telas do EXCEL mostradas adiante ilustra esse procedimento.

1. Gerar o fluxo de caixa e calcular os indicadores de viabilidade

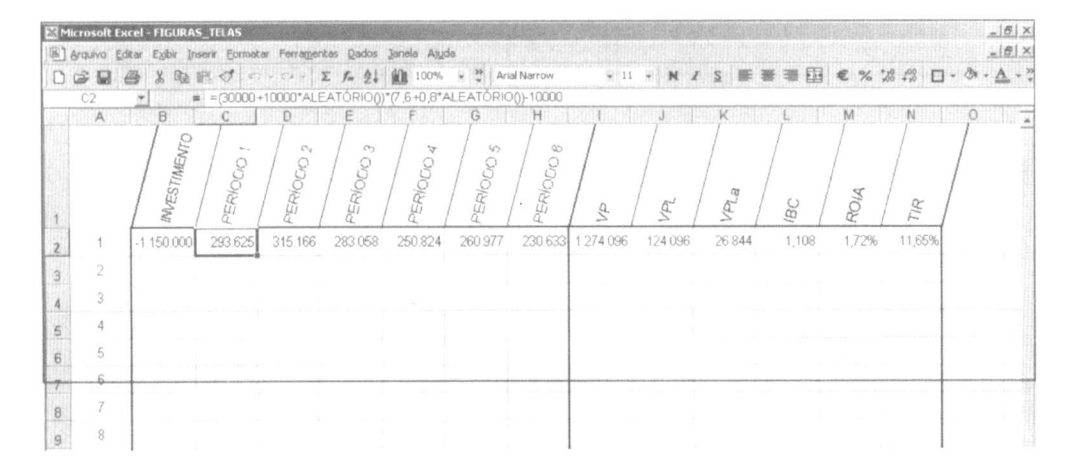

2. Gerar 100 réplicas do fluxo de caixa

	INVESTIMENTO	PERÍODO 1	PERÍODO 2	PERÍODO 3	PERÍODO 4	PERÍODO 5	PERÍODO 6	VP	VPL	VPLa	IBC	ROIA	TIR
1	-1.150.000	269.026	301.997	243.122	260.264	276.377	305.510	1.272.932	122.932	26.592	1,107	1,71%	11,42%
2	-1.150.000	233.228	236.312	265.900	253.952	236.300	268.763	1.146.481	-3.519	-761	0,997	-0,05%	7,90%
3	-1.150.000	225.664	260.807	292.213	275.737	278.314	268.729	1.225.780	75.780	16.392	1,066	1,07%	10,08%
97	-1.150.000	300.278	267.911	324.220	274.601	286.749	244.930	1.316.446	166.446	36.005	1,145	2,28%	12,74%
98	-1.150.000	250.287	280.011	276.331	275.725	288.423	261.766	1.255.092	105.092	22.733	1,091	1,47%	10,93%
99	-1.150.000	270.998	249.907	250.418	298.933	276.555	260.059	1.235.794	85.794	18.559	1,075	1,21%	10,40%
100	-1.150.000	239.727	276.813	266.631	228.869	283.917	294.068	1.217.720	67.720	14.649	1,059	0,96%	9,87%

3. Calcular a média e o desvio-padrão dos indicadores de viabilidade

	INVESTIMENTO	PERÍODO 1	PERÍODO 2	PERÍODO 3	PERÍODO 4	PERÍODO 5	PERÍODO 6	VP	VPL	VPLa	IBC	ROIA	TIR
1	-1.150.000	284.948	285.790	271.271	262.025	269.623	275.897	1.274.162	124.162	26.858	1,108	1,72%	11,52%
2	-1.150.000	228.888	303.717	302.887	276.167	245.470	238.985	1.233.418	83.418	18.045	1,073	1,17%	10,38%
99	-1.150.000	224.584	311.455	275.287	256.769	268.241	276.744	1.239.192	89.192	19.294	1,078	1,25%	10,48%
100	-1.150.000	276.493	250.580	248.966	250.925	282.931	266.433	1.213.375	63.375	13.709	1,055	0,90%	9,79%
Média								1.250.472,81	100.472,81	21.733,82	1,09	1,40%	10,82%
Desvio Padrão								48.040,67	48.040,67	10.391,94	0,04	0,65%	1,34%

4. Utilizar as informações geradas para responder a perguntas específicas.

Probabilidade de o projeto apresentar prejuízo	$P(VPL < 0)$	0,018
Probabilidade de o projeto apresentar ganhos expressivos	$P(VPL > 200.000)$	0,019
Probabilidade de obter rentabilidade de 3% ao ano além da TMA	$P(ROIA > 3\%)$	0,007
Probabilidade de a TIR ser maior do que a TMA	$P(TIR > TMA)$	0,982

5. Estabelecer intervalos de confiança para parâmetros de interesse.

Apenas para ilustrar, a tabela a seguir apresenta os resultados do parâmetro *VPL* para um intervalo de confiança de 95%.

| Valor Presente Líquido ||
Limite inferior	Limite superior
100.472 − 1,96 * 48.040/100	100.472 + 1,96 * 48.040/100
91.056	109.887

Uma interpretação para o resultado acima é que se esse experimento (amostra de tamanho 100) fosse realizado outras vezes, em 95% dos casos ele tenderia a produzir *VPL* médio contido no intervalo acima especificado. De acordo com esse resultado, há probabilidade de apenas 2,5% de o projeto apresentar *VPL* menor do que $ 91.056 e 2,5% de probabilidade de apresentar *VPL* maior do que $ 109.887.

Exemplo 9.4: Uma empresa, cuja TMA é 10% ao ano, está considerando a possibilidade de um investimento da ordem de R$ 250.000 cujos retornos são bastante incertos. A vida útil do projeto está estimada em 5 anos e o Valor residual também está sujeito a flutuações aleatórias. As expectativas de retorno e o valor residual se aproximam das distribuições abaixo.

| Expectativas de Retorno por Período ||
Valor	Probabilidade
$ 100.000	0,60
$ 75.000	0,30
$ 25.000	0,10

| Valor Residual ||
Valor	Probabilidade
$ 50.000	0,50
$ 30.000	0,30
$ 10.000	0,20

A prática desta empresa tem sido de investir em projetos que rendam, pelo menos, 5 pontos percentuais acima da TMA. Gere indicadores que auxiliem o processo de tomada de decisão.

Solução: Da análise do enunciado do problema, depreende-se que o benefício X_j segue uma distribuição de probabilidade empírica. Para gerar valores R_j (j = 1, 2,..., 5) que sigam uma distribuição empírica dada pode-se recorrer à função PROCV do EXCEL.

Esquematização do problema

Residual	$P (R_e)$
50.000	0,50
30.000	0,30
10.000	0,20

X_1	$P (X_1)$		X_2	$P (X_2)$		X_3	$P (X_3)$		X_4	$P (X_4)$		X_5	$P (X_5)$
100.000	0,60		100.000	0,60		100.000	0,60		100.000	0,60		100.000	0,60
75.000	0,30		75.000	0,30		75.000	0,30		75.000	0,30		75.000	0,30
25.000	0,10		25.000	0,10		25.000	0,10		25.000	0,10		25.000	0,10

```
0        1           2           3           4           5

250.000
```

Para efeito de ilustração, utilizaram-se os recursos do EXCEL para gerar 100 réplicas (amostra de tamanho 100) do fluxo de caixa segundo as especificações da distribuição de probabilidade dos retornos e do valor residual. A seqüência de telas do EXCEL, mostradas a seguir, ilustra esse procedimento.

1. Gerar o fluxo de caixa e calcular os indicadores de viabilidade

2. Gerar 100 réplicas do fluxo de caixa

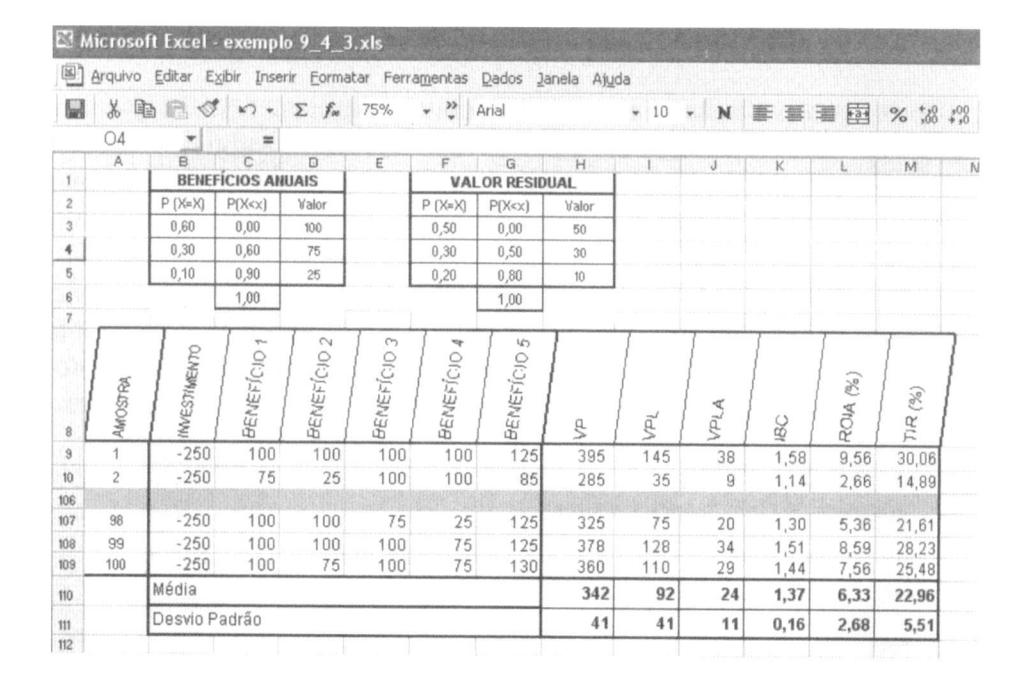

3. Calcular a média e o desvio-padrão dos indicadores de viabilidade

4. Usar as informações geradas para responder a perguntas específicas.

Probabilidade de o projeto apresentar prejuízo	$P(VPL < 0)$	0,01
Probabilidade de o projeto apresentar rentabilidade, além da TMA, de 5% ao ano	$P(ROIA > 6\%)$	0,55
Probabilidade de o projeto apresentar ganhos superiores a $ 125	$P(VPL > 125)$	0,21

5. Função densidade de probabilidade do VPL do projeto.

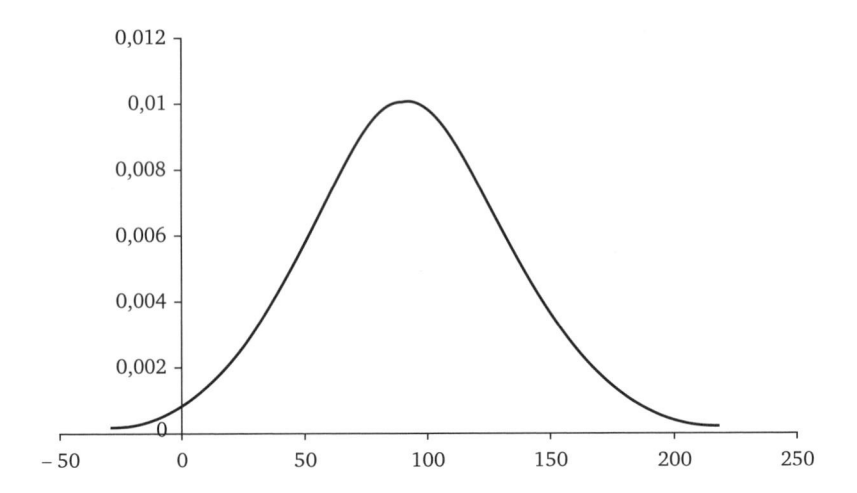

9.4 Questões para revisão

1. Uma cooperativa de laticínios está estudando as conseqüências financeiras do lançamento de um novo produto derivado do leite. As vendas anuais estão estimadas em 200.000 unidades para o primeiro ano. Para os anos seguintes espera-se que as vendas aumentem na mesma proporção do crescimento do mercado. As previsões mais otimistas apontam para um crescimento do mercado de, no máximo, 10% ao ano. Qualquer que seja a taxa de crescimento do mercado, estudos preliminares apontam para uma estabilização da quantidade vendida (300.000 unidades) após cinco anos de permanência desse produto no mercado. Alguns dados relevantes para a análise são os seguintes:

Investimento Inicial	$ 400.000
Margem de Contribuição Unitária	$ 0,40
Custo Fixo Anual (incluindo $ 20.000 de depreciação)	$ 40.000
Taxa Mínima de Atratividade	12% ao ano
Vida útil do projeto	10 anos

Se a cooperativa tem adotado uma política de não investir em projetos que não se paguem (*pay-back*) em sete anos, como você analisaria a viabilidade do presente projeto?

2. Um fabricante de calçados está considerando o lançamento de uma nova linha de calçados esportivos para jovens. Experiências anteriores têm mostrado que o ciclo de vida de produtos esportivos similares tem sido de cinco anos. Para os cinco anos de vida desse produto, espera-se o seguinte comportamento para as vendas:

Ano	Vendas Previstas* (pares)	Margem de Contribuição	Valor Residual
1	2.000 a 2.500	$ 20	
2	3.000 a 3.500	$ 25	
3	2.800 a 3.200	$ 25	
4	2.000 a 2.400	$ 20	
5	1.200 a 2.000	$ 18	$ 15.000

* Distribuição uniforme.

O investimento adicional necessário para o lançamento desse produto está estimado em $ 130.000. Os custos fixos anuais decorrentes dessa decisão estão estimados em $ 32.000 (já incluídos $ 14.000 de depreciação). Considerando uma TMA de 12%, emita um parecer sobre a viabilidade desse produto.

3. Uma empresa estimou os seguintes valores para determinado projeto de investimento:

Investimento		Valor Residual		Benefícios Anuais	
Valor	Proba. B.	Valor	Proba. B.	Valor	Proba. B.
60.000	0,05	15.000	0,10	5.000	0,30
70.000	0,25	20.000	0,30	6.000	0,70
80.000	0,30	25.000	0,40		
90.000	0,40	30.000	0,20		

Considerando um horizonte de planejamento de seis anos e uma TMA de 10% ao ano, qual seria a sua opinião sobre a viabilidade desse projeto?

10

Análise de Substituição de Equipamentos (1ª parte)

Uma das aplicações mais interessantes da Matemática Financeira e da Análise de Investimentos no campo da Engenharia Econômica é a análise de substituição de equipamentos. Esse nome, já consagrado, refere-se não somente à substituição do que é normalmente entendido como "equipamentos", mas também a toda a variedade de ativos fixos, incluindo equipamentos, máquinas e instalações. Por conta disso, seria mais adequado designar esse campo de análise como de substituição de bens de capital. Para contornar essa dificuldade, o termo *equipamento* é aqui utilizado em sentido amplo, para abranger qualquer bem de capital.

Em geral, as empresas orientam-se exclusivamente por aspectos técnicos para a tomada de decisão a respeito de baixa e substituição de equipamentos, e, como conseqüência, freqüentemente essas decisões são subótimas. Especialmente quando se trata de equipamentos de grande valor, os prejuízos podem ser muito elevados.

O procedimento mais comumente adotado é estabelecer um prazo de vida útil para cada equipamento de valor significativo, seguindo orientação do fabricante, e desenvolver todas as implicações econômicas e financeiras do investimento a partir dessa estimativa. Esse procedimento é claramente insatisfatório, como será mostrado.

Os custos referentes a bens de capital, como máquinas, equipamentos e veículos, podem ser muito elevados, mas o custo de aquisição sempre se destaca em relação aos custos de operação e manutenção e, como conseqüência, os decisores tendem a postergar a baixa e a alienação desses bens para muito depois da época economicamente mais vantajosa.

Uma atitude inadequadamente, defensiva e conservadora pode parecer adequada no curto prazo, pois não sendo substituídos os bens de capital antieconômicos, o valor do ativo permanente da empresa permanecerá artificialmente baixo e o cálculo do retorno sobre o investimento – ROI será favorecido. Entretanto, essa situação é claramente insustentável no longo prazo. Observe-se que os resultados "otimizados" no curto prazo muito provavelmente comprometerão a empresa no longo prazo, basicamente devido à perda de competitividade, com todas as implicações que disso decorrem (ver Figura 10.1).

Figura 10.1 *Manutenção antieconômica de bens de capital.*

Por outro lado, as decisões sobre substituição de equipamentos são quase sempre complexas, devido ao grande número de considerações a que estão sujeitas e, por isso, a análise econômico-financeira, embora indispensável, não é suficiente. É necessário que outros fatores, geralmente denominados imponderáveis, complementem as indicações da análise econômico-financeira para se obter decisões adequadas.

A experiência de engenheiros e administradores, bem como de outros profissionais ligados diretamente às decisões de capital da empresa, é de inestimável importância para esse trabalho de desenvolvimento de um quadro abrangente dos fatores imponderáveis envolvidos em certa decisão. Essa experiência é insubstituível em situações em que os riscos envolvidos são consideráveis.

Cabe também observar que a utilização de métodos e técnicas quantitativos para a análise econômica de equipamentos é geralmente muito dificultada pela virtual ausência dos dados e informações relevantes. Mesmo em se tratando de máquinas e equipamentos de grande valor, raramente os dados requeridos para análise estão prontamente disponíveis, o que implica necessidade de mudança cultural na empresa, como será visto.

Saliente-se, por fim, que os aspectos técnicos, em casos extremos de obsolescência absoluta, podem ser determinantes, mas, na maioria dos casos, melhores decisões podem ser alcançadas se os aspectos econômicos e financeiros também forem levados em conta.

10.1 Possibilidades de baixa

São vários os tipos de decisão econômica sobre bens de capital. Alguns exemplos são: aquisição, arrendamento, reforma ou recondicionamento, fundo de reposição e baixa.

Neste capítulo, são analisados os três casos possíveis de baixa de certo bem de capital:

1. Baixa sem reposição.
2. Baixa com reposição semelhante.
3. Baixa com reposição diferente.

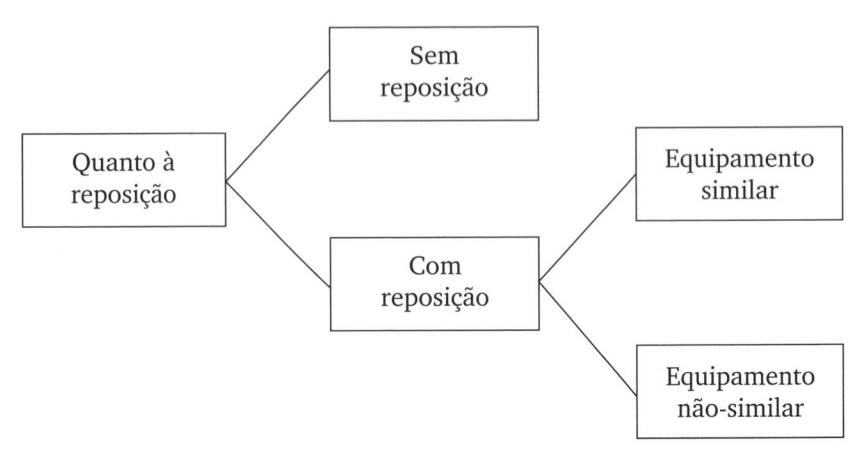

Figura 10.2 *Decisões relativas à baixa de bens de capital.*

O diagrama da Figura 10.2 mostra que a primeira decisão não é propriamente sobre substituir ou não certo bem de capital, mas sobre a modalidade de baixa a ser efetuada, se for o caso. A baixa sem reposição refere-se aos casos em que o equipamento, se for desativado, não será substituído.

Esse é o caso, por exemplo, de uma linha de produção que está sendo superada tecnologicamente. A decisão relativa à baixa sem reposição é a mais simples do ponto de vista econômico: basta que o analista compare o valor presente das receitas futuras com o valor presente dos custos futuros. Os bens de capital devem ser mantidos enquanto o valor presente líquido dessa decisão for positivo.

Exemplo: A empresa Plastitudo S.A. planeja deixar o ramo de sacos plásticos, tendo em vista que se observa forte tendência de crescimento da concorrência nesse ramo. Diante disso, precisa decidir por quanto tempo manterá em operação os atuais equipamentos e instalações da linha de sacos plásticos. O quadro a seguir resume os dados relevantes. A taxa mínima de atratividade é 10% a.a.

Linha de sacos plásticos da empresa Plastitudo S.A.

Ano	Valor dos Ativos*	Custos	Receitas	Receita Líquida	Valor Presente
0	8.500	–	–	–	
1	7.800	2.000	4.300	1.800	227,27
2	6.900	2.200	4.100	1.500	78,51
3	5.900	2.500	3.800	1.300	(214,50)
4	5.500	3.000	3.500	500	(549,18)

* Valor que poderia ser obtido com a venda dos equipamentos e instalações da linha de sacos plásticos.

De acordo com os resultados obtidos, a linha de produção de sacos plásticos deveria ser mantida por mais dois anos. Deve-se ter presente, entretanto, que os valores utilizados nessa análise não são igualmente confiáveis. Pode-se ter quase certeza sobre o valor que poderia ser obtido da venda dos equipamentos e instalações hoje; pode-se ter certa segurança dos valores projetados para o prazo de um ano; menor segurança para os valores projetados para o prazo de dois anos, e assim por diante. É evidente, portanto, que a decisão de desativar a linha de produção deverá ser antecedida de outras análises semelhantes a essa, para as quais certamente os valores ter-se-ão modificado.

Outra observação importante é que não vêm ao caso os custos já realizados, ou mesmo ainda não realizados mas irreversíveis. Não importa quanto custou a linha de sacos plásticos há alguns anos, quando foi instalada, se foi financiada, mesmo que ainda não esteja totalmente pago o financiamento, se o total depreciado para o Imposto sobre a Renda ainda representa apenas pequena parcela do valor de aquisição etc. Interessam tão-somente os custos e receitas decorrentes da decisão de manter a linha de produção em funcionamento.

10.2 Vida econômica

Vida econômica é um conceito semelhante ao de vida útil, porém em vez de se referir à capacidade física de produção, diz respeito aos custos globais em que a empresa incorre para manter em operação certo equipamento. Esses custos são basicamente de três tipos:

1. De capital.
2. De operação.
3. De manutenção.

Toda empresa deveria levar em conta a evolução desses três tipos de custo ao longo do tempo e procurar reduzir o custo total ao mínimo. Surge, dessa forma, o conceito de vida econômica: a vida econômica é a época em que se atinge o nível mínimo do custo total de certo equipamento, incluindo custos de capital, de operação e de manutenção.

Diante disso, é necessário estabelecer a forma como evoluem esses três tipos de custos ao longo do tempo. O custo do capital imobilizado é tipicamente decrescente com o tempo, como será mostrado adiante.

10.2.1 Custo de capital

A Figura 10.3 apresenta os fluxos financeiros relativos à aquisição e à alienação de certo bem de capital. O custo total de aquisição, incluindo transporte e instalação, é representado por P, enquanto a receita da venda ao final de n períodos é representada por L.

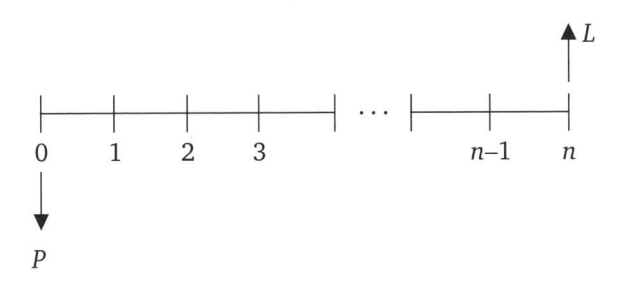

Figura 10.3 *Custo de capital de certo equipamento.*

Conforme a Figura 10.3, o valor presente do desembolso líquido realizado é fornecido pela equação:

$$-\frac{L}{(1+i)^n}$$

Portanto, o custo anual equivalente de capital da decisão de manter o referido equipamento por n períodos é:

$$\text{CAEC} = \left(P - \frac{L}{(1+i)^n}\right)(A/P;\ i\%;\ n)$$

Essa equação, pode-se mostrar, é equivalente a (NEVES, 1981, p. 117):

$$CAEC = (P - L)\ (A/P;\ i\%;\ n) + Li$$

A última equação é especialmente adequada para análise. Observa-se facilmente através dessa equação que, se certo equipamento não perder valor, isto é, se puder ser vendido pelo preço pelo qual foi adquirido, o CAEC será constante e igual a $Pi = Li$. No outro extremo, se o valor residual for nulo, o CAEC será igual ao fator de recuperação de capital aplicado ao valor de aquisição. Pode-se concluir que o CAEC será sempre decrescente, a não ser no caso pouco plausível de não haver depreciação econômica.

A perda de valor (de mercado) dos ativos fixos é denominada *depreciação econômica*. A depreciação econômica se distingue da depreciação contábil porque esta é um valor calculado de forma a atender ao que estabelece a legislação do Imposto de Renda, com pouca ou nenhuma ligação com o valor de mercado dos bens. A depreciação econômica, ao contrário, refere-se à perda de valor de mercado e, por isso, em geral, é de difícil mensuração.

Em alguns casos pode não existir mercado secundário para os bens de capital utilizados. Aí, é razoável supor que os bens, uma vez adquiridos, passam a apresentar somente valor de sucata. Porém, se houver tal mercado, o fato de a empresa manter certo equipamento e não vendê-lo significa, do ponto de vista econômico, que a cada período estaria comprando-o novamente por seu preço de mercado (observe-se que o preço de sucata não deixa de ser preço de mercado).

Pode-se concluir, então, que se não houver mercado secundário, o custo anual equivalente de capital será decrescente no tempo, porque prazos maiores requerem valores menores para a recuperação do investimento. Mas, se certo equipamento pode ser vendido no mercado secundário, o fato de estar sujeito à depreciação econômica reduz ano a ano o valor do capital imobilizado, resultando igualmente em custo anual equivalente de capital decrescente no tempo.

A Figura 10.4 mostra a comparação dos custos anuais equivalentes de capital para dois bens que diferem apenas quanto à existência de mercado secundário. Ambos apresentam valor de aquisição de 100 u.m.; um não possui mercado secundário e pode ser vendido como sucata por 5 u.m., enquanto outro apresenta redução no valor de mercado igual a 10 u.m. por ano.

Ano	Valor de Mercado		Fator de Recuperação do Capital	Custo Anual Equivalente de Capital	
	A	B		A	B
0	100	100	–.–	–.–	–.–
1	5	90	1.10011	105.0	20.0
2	5	80	0.576037	55.2	19.5
3	5	70	0.402091	38.7	19.1
4	5	60	0.315457	30.5	18.6
5	5	50	0.263783	25.6	18.2
6	5	40	0.229621	22.3	17.8
7	5	30	0.205423	20.0	17.4
8	5	20	0.187441	18.3	17.0
9	5	10	0.173641	17.0	16.6
10	5	0	0.162734	16.0	16.3

Figura 10.4 *Influência do valor de mercado sobre os custos anuais equivalentes de capital.*

10.2.2 *Custo de operação e manutenção*

Se, como mostrado anteriormente, o custo (anual equivalente) de capital apresenta padrão típico decrescente no tempo, o mesmo não ocorre com o custo (anual equivalente) de operação e manutenção. Em geral, máquinas, equipamentos e instalações apresentam rendimento decrescente, à medida que são utilizados por períodos mais longos e, ao mesmo tempo, passam a requerer maiores despesas de manutenção.

Seja f a taxa à qual as despesas de operação e manutenção, iguais a C no primeiro ano, crescem período a período. Então, o valor presente do custo de operação e manutenção referente ao primeiro ano é:

$$\frac{C}{(1+i)}$$

O valor presente do custo referente ao segundo ano é:

$$\frac{C(1+f)}{(1+i)^2}$$

E, dessa forma, é facilmente predizível o valor presente do custo de operação e manutenção referente a certa época genérica n:

$$\frac{C\,(1+f)^{n-1}}{(1+i)^n}$$

Então, o valor presente do custo de operação e manutenção referente à decisão de manter em funcionamento certo equipamento por n anos pode ser expresso como:

$$\frac{C}{(1+i)} + \frac{C\,(1+f)}{(1+i)^2} + \frac{C\,(1+f)^2}{(1+i)^3} + \ldots + \frac{C\,(1+f)^{n-1}}{(1+i)^n} = C\sum_{j=1}^{j}\frac{(1+f)^{j-1}}{(1+i)^j}$$

Observa-se facilmente que o somatório refere-se aos termos de uma progressão geométrica bem definida. Esse somatório pode ser expresso como:

$$\frac{\left(\dfrac{1+f}{1+i}\right)^n - 1}{f-i}$$

Se a taxa f de crescimento do custo de operação e de manutenção for inferior à taxa mínima de atratividade, será mais conveniente representar esse somatório como:

$$\frac{1 - \left(\dfrac{1+f}{1+i}\right)^n}{i-f}$$

Pode-se concluir, portanto, que o custo de operação e manutenção referente à decisão de manter em funcionamento por n períodos certo equipamento pode ser obtido multiplicando-se o custo observado no primeiro ano por um dos fatores acima, desde que se obtenha suficiente aproximação na estimativa da taxa f.

O Custo Anual Equivalente de Operação e Manutenção (CAEM) referente à mencionada decisão pode, então, ser obtido imediatamente:

$$\text{CAEM} = C\left(\frac{\left(\dfrac{1+f}{1+i}\right)^n - 1}{f-i}\right)(A/P;\ i\%;\ n)$$

Uma última observação sobre a fórmula desenvolvida é que a taxa de crescimento do custo de operação e manutenção não pode ser igual à taxa mínima de atratividade – TMA, para se evitar indeterminação.

Exemplo: Prever o comportamento do custo anual equivalente de operação e manutenção para três equipamentos que apresentam custo igual a 100 u.m. no primeiro ano e crescimento deste custo a taxas de 5%, 15% e 20%, respectivamente. A TMA é 10% a.a. e o horizonte de planejamento, 25 anos.

Ano	Custo de Operação e Manutenção			Fator de Valor Atual dos Custos Realizados até o Ano n			Custo Anual Equivalente de Operação e Manutenção		
	A	B	C	A	B	C	A	B	C
0	–.–	–.–	–.–	–.–	–.–	–.–	–.–	–.–	–.–
1	100,00	100,00	100,00	0,9091	0,9091	0,9091	100,00	100,00	100,00
2	105,00	115,00	120,00	1,7769	1,8595	1,9008	102,38	107,14	109,52
3	110,25	132,25	144,00	2,6052	2,8531	2,9827	104,76	114,73	119,94
4	115,76	152,09	172,80	3,3959	3,8919	4,1621	107,13	122,78	131,33
5	121,55	174,90	207,36	4,1506	4,9779	5,4505	109,49	131,32	143,78
6	127,63	201,16	248,83	4,8710	6,1132	6,8551	111,84	140,36	157,40
7	134,01	231,31	298,60	5,5587	7,3002	8,3874	114,18	149,95	172,28
8	140,71	266,00	358,32	6,2151	8,5411	10,0590	116,50	160,10	188,55
9	147,75	305,90	429,98	6,8417	9,8385	11,8825	118,80	170,84	206,33
10	155,13	351,79	515,99	7,4398	11,1948	13,8718	121,08	182,20	225,76
11	162,89	404,56	619,17	8,0107	12,6127	16,0420	123,34	194,19	246,99
12	171,03	465,24	743,01	8,5557	14,0951	18,4094	125,57	206,86	270,18
13	179,59	535,02	891,61	9,0759	15,6449	20,9921	127,77	220,25	295,52
14	188,56	615,28	1069,93	9,5724	17,2651	23,8096	129,94	234,37	323,21
15	197,99	707,57	1283,92	10,0464	18,9590	26,8832	132,08	249,26	353,44
16	207,89	813,71	1540,70	10,4989	20,7298	30,2362	134,19	264,96	386,49
17	218,29	935,76	1848,84	10,9307	22,5812	33,8940	136,27	281,51	422,54
18	229,20	1076,13	2218,61	11,3430	24,5167	37,8844	138,30	298,93	461,93
19	240,66	1237,54	2662,33	11,7365	26,5402	42,2375	140,31	317,28	504,94
20	252,69	1423,18	3194,80	12,1121	28,6556	46,9864	142,27	336,59	551,90
21	265,33	1636,65	3833,76	12,4706	30,8672	52,1661	144,19	356,90	603,18
22	278,60	1882,15	4600,51	12,8129	33,1794	57,8185	146,07	378,26	659,16
23	292,53	2164,48	5520,61	13,1396	35,5966	63,9838	147,91	400,72	720,28
24	307,15	2489,15	6624,74	13,4514	38,1238	70,7096	149,71	424,32	787,00
25	322,51	2862,52	7949,69	13,7496	40,7658	78,0469	151,47	449,11	859,83

Figura 10.5 *Custo anual equivalente de operação e manutenção dos equipamento A, B e C.*

A Figura 10.5 foi construída da seguinte forma: a primeira coluna indica a época de referência; as três seguintes foram calculadas acrescendo-se o percentual de crescimento do custo de operação e manutenção sobre o custo de 100 u.m., do primeiro ano; as três seguintes referem-se ao fator de valor atual dos custos de operação e manutenção, calculado conforme a fórmula desenvolvida anteriormente; estes fatores foram, então, multiplicados pelo fator de recuperação do capital [(A/P; 10%, n)] e pelo valor do custo no primeiro ano, para se obter o custo anual equivalente de operação e manutenção, mostrado nas três últimas colunas.

Como se observa na Figura 10.6, os custos anuais equivalentes de operação e manutenção crescem uniformemente ao longo do tempo e apresentam grande sensibilidade em relação à taxa anual de crescimento. Considerados os seus valores referentes aos intervalos de cinco anos, percebe-se que, à medida que se consideram períodos maiores, divergem crescentemente os padrões de custo resultantes de taxas anuais de crescimento diferenciadas.

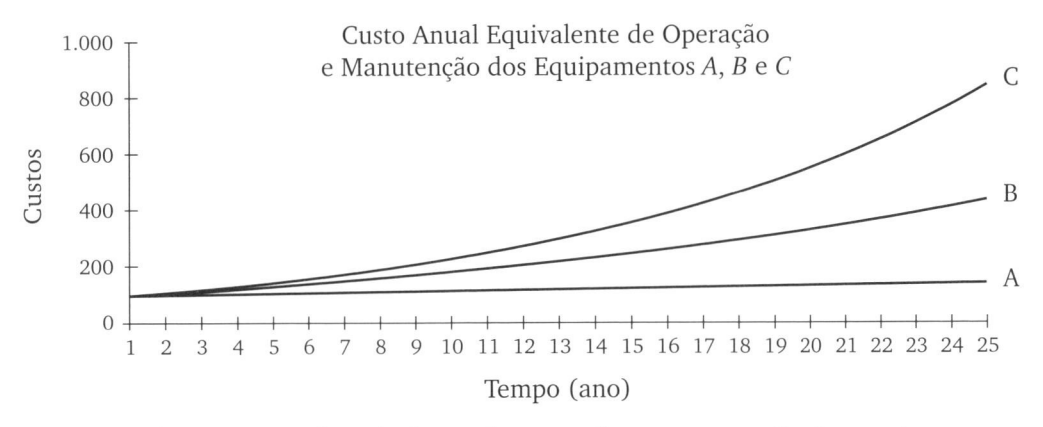

Figura 10.6 *Custo anual equivalente de operação e manutenção dos equipamentos A, B e C.*

10.3 Questões para revisão

1. Se, no exemplo da empresa Plastitudo S.A., as receitas anuais previstas fossem invariáveis e iguais a 4.100, por quantos anos a linha de produção de sacos plásticos deveria ser mantida?

2. A linha de produção de sacos plásticos da Plastitudo S.A. deverá ser desativada na época econômica. Feitas as contas dos custos e receitas futuros decorrentes da decisão de manter em funcionamento a mencionada linha de produção por mais um ano, por mais dois anos etc., chegou-se à conclusão de que se tornará antieconômica no segundo ano. Entretanto, está havendo difi-

culdades para convencer o contador e o gerente de produção. O primeiro argumenta que, àquela época, apenas 60% do valor da linha de produção terá sido depreciado, enquanto o segundo, que há um mês foi feito um contrato de manutenção de toda a linha por quatro anos, com uma empresa especializada, que deverá ser pago mesmo que a manutenção não seja realizada. Desenvolva os argumentos econômicos adequados para convencê-los.

3. Imagine que sua empresa, como a grande maioria, costuma decidir sobre a época de substituir os equipamentos e máquinas com base no *feeling*, levando em consideração principalmente a opinião do pessoal de operação e manutenção. Desenvolva cinco argumentos para convencer a alta gerência a implantar um sistema de acompanhamento de custos, com vistas a dar bases quantitativas para a decisão.

4. Olhando de fora, dois segmentos podem ser distinguidos em nossa empresa:

   a. o pessoal de marketing e de produção, predominantemente jovem e ansioso por trabalhar como que há de mais moderno, "custe o que custar" (eles defendem essa postura argumentando que os clientes saberão reconhecer e que, afinal, "se não fizermos a concorrência fará");

   b. o pessoal administrativo e de manutenção, mais experiente e conservador, que acha que é melhor ter certeza em relação a um bom equipamento, capaz de garantir as metas de produção, do que ficar correndo atrás da última novidade... De acordo com esse pessoal, os equipamentos e máquinas devem ser mantidos em operação enquanto "funcionarem bem".

   Tente organizar essa discussão a partir do conceito de vida econômica.

5. Imagine que na Figura 10.4 as colunas *A* e *B* referem-se ao mesmo equipamento: *A* mostra o valor de mercado do equipamento, *B*, o valor não-depreciado para efeito do Imposto de Renda. Admita que a venda do equipamento, pelo valor de sucata, seja efetuada ao final de quatro anos de uso, em decorrência de obsolescência técnica. Qual a implicação sobre o I.R.? (Calcule o custo da depreciação contábil não-realizada como o Valor Presente de 35% das cargas de depreciação referentes a cada um dos anos a partir do quinto. Some a isso 35% da receita não-operacional do valor da venda. Observe que apenas essa última parcela representa desembolso.)

6. Utilizando planilha eletrônica, refaça a Figura 10.5 para TMAs iguais a 5% e 15%. Se possível, represente graficamente os resultados, como na Figura 10.6. Compare os resultados e tente concluir quanto à influência da TMA sobre os perfis de custos equivalentes de operação e manutenção dos três equipamentos.

11

Análise de Substituição de Equipamentos (2ª parte)

11.1 Cálculo da vida econômica

Como mostrado no capítulo anterior, o custo anual equivalente de capital (custo de recuperação do capital) é (sempre) decrescente, enquanto o custo anual equivalente de operação e manutenção, ao contrário, é sempre crescente. Também foi mencionado que a Vida Econômica de certo equipamento corresponde à época em que o custo total equivalente apresenta-se mínimo. É necessário, portanto, considerar a soma dos custos anuais equivalentes de capital e de manutenção e operação para determinar a Vida Econômica, que é a época em que o custo total equivalente se torna mínimo (algumas vezes, a Vida Econômica é referida como Vida Útil Econômica).

Exemplo: Seja um bem de capital que apresenta os dados abaixo:

a. custo de aquisição: 100 u.m.;

b. custo total de manutenção e operação, inclusive prejuízos causados por interrupções da produção, 6 u.m. no primeiro ano, crescente 20% ao ano;

c. o valor de mercado do bem cai 20% no primeiro ano e 10% nos anos subseqüentes;

d. a vida útil estimada é de 10 anos;

e. a taxa mínima de atratividade é 10% a.a. antes do I.R.

Ano	Valor do Bem	Custo de Operação e Manutenção	Custo Equivalente de Capital*	Fator de Valor Atual do Custo de Operação e Manutenção	Custo Equivalente de Operação e Manutenção	Custo Anual Equivalente (Total)
0	100,00	–.–	–.–	–.–	–.–	–.–
1	80,00	6,00	30,00	0,90909	6,00	36,00
2	72,00	7,20	23,33	1,90083	6,57	29,90
3	64,80	8,64	20,63	2,98272	7,20	27,83
4	58,32	10,37	18,98	4,16297	7,88	26,86
5	52,49	12,44	17,78	5,45051	8,63	26,41
6	47,24	14,93	16,84	6,85510	9,44	**26,28**
7	42,52	17,92	16,06	8,38738	10,34	26,40
8	38,26	21,50	15,40	10,05896	11,31	26,71
9	34,44	25,80	14,83	11,88251	12,38	27,21
10	30,99	30,96	14,33	13,87182	13,55	27,88

* Denominado "Custo de Recuperação do Capital".

Figura 11.1 *Vida econômica de um bem de capital.*

As curvas correspondentes aos custos equivalentes de capital, de operação e manutenção e total são mostradas na Figura 11.2.

No exemplo anterior, a vida econômica é atingida aos seis anos de utilização, sendo 26,28 u.m. o valor mínimo do custo anual equivalente. O que significa esse resultado do ponto de vista da análise de substituição?

Os equipamentos de mais elevado valor e de maiores custos de operação e manutenção deveriam ter um prontuário em que se registrassem todas as despesas, desde a aquisição. Isso possibilitaria verificar freqüentemente a economicidade da decisão de mantê-los em operação. Se um bem de capital não tiver sido substituído por outro não-similar, uma vez atingida sua vida econômica a substituição por *desafiante* similar deverá ser realizada imediatamente (os termos defensor e desafiante são usuais na análise de substituição; o primeiro refere-se ao equipamento que está em operação e o segundo, ao que poderá vir a substituí-lo).

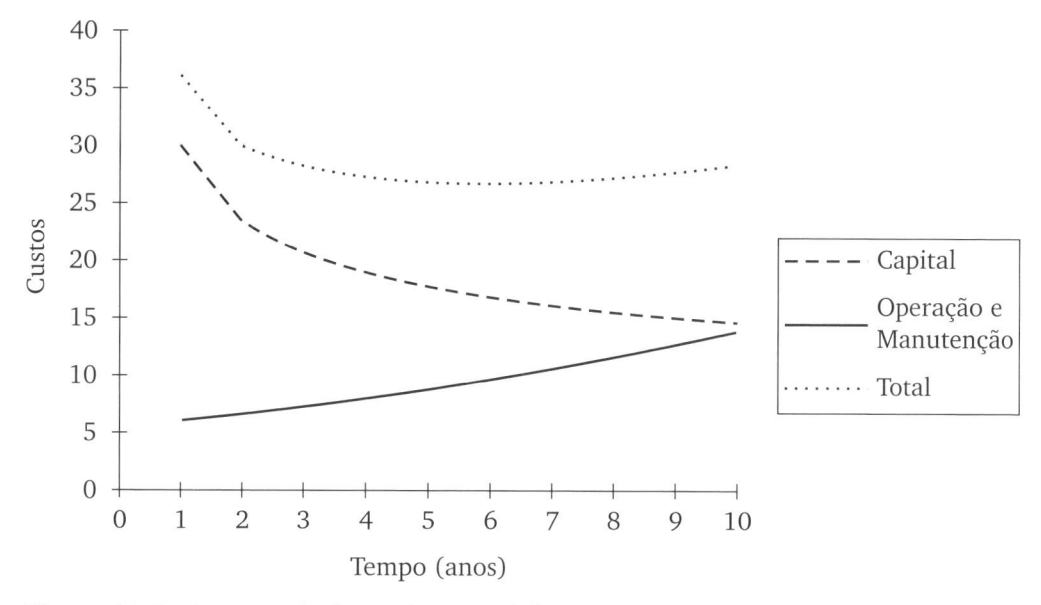

Figura 11.2 *Custo equivalente de capital de operação e manutenção e total.*

Nos casos em que existem vários equipamentos iguais, obviamente a determinação da vida econômica é realizada apenas para o equipamento típico, representativo do conjunto. Entretanto, o analista deveria se assegurar de que o conjunto a que refere-se o equipamento-tipo é suficientemente homogêneo. Se essa condição não for satisfeita, vários conjuntos deverão ser considerados, e eventualmente a análise pode ter de ser feita para cada equipamento individualmente.

11.2 Substituição (baixa com reposição)

Como mencionado anteriormente, a análise de substituição de equipamentos abrange duas situações:

1. O possível substituto (desafiante) é basicamente igual ao equipamento que está em operação (defensor).
2. O possível substituto é diferente.

A primeira possibilidade é denominada *desafiante similar*, enquanto a segunda, *desafiante não-similar*.

Também foi visto que se nenhum desafiante não-similar tiver substituído certo equipamento, atingida sua vida econômica este deveria ser imediatamente substituído por equipamento similar. Dito de outra forma: quando há somente desafiante similar, a época economicamente ótima de substituição corresponde à vida econômica.

Então, quando a substituição por desafiante não-similar está sendo considerada, há duas possibilidades:

a. o defensor já atingiu a vida econômica;

b. o defensor ainda não atingiu a vida econômica.

No primeiro caso, a substituição deverá ser realizada imediatamente por desafiante não similar, se este apresentar custo equivalente (total) referente à vida econômica com valor inferior ao do custo equivalente (total) referente à vida econômica do defensor. Observe-se que se o desafiante não similar for preterido, o desafiante similar deve ser imediatamente adquirido. De qualquer forma, nenhum equipamento deveria ser utilizado além de sua vida econômica.

No segundo caso, como o defensor ainda não atingiu sua vida econômica, a substituição por similar está descartada, considerando-se exclusivamente a substituição por desafiantes não-similares. Nessa situação, é necessário decidir:

a. se a substituição por não-similar é economicamente interessante;

b. se interessante, em que época deveria ser realizada.

A primeira decisão baseia-se nos custos equivalentes (totais) referentes às vidas econômicas do defensor e do desafiante. O desafiante deve substituir o equipamento em uso se apresentar menor custo quando ambos são comparados na melhor hipótese, ou seja, quando se considera que ambos sejam mantidos por período igual às respectivas vidas econômicas. Para essa finalidade, o procedimento de cálculo da vida econômica, mostrado anteriormente, deveria ser aplicado a ambos, defensor e desafiante.

Se o menor custo equivalente de algum desafiante não-similar for inferior ao menor custo equivalente do defensor (custos referentes às vidas econômicas), então a substituição por esse desafiante não-similar configurar-se-á interessante – é evidente que, se vários desafiantes não-similares apresentarem custo total equivalente na vida econômica inferior ao defensor, é necessário considerar apenas o mais favorável. Isso mostra a necessidade de um trabalho contínuo de análise de todos os possíveis substitutos para certo equipamento. É necessário, então, determinar a época economicamente mais apropriada.

A determinação da época ótima de substituição por desafiante não-similar pode ser feita comparando-se o custo (ou benefício) equivalente da alternativa de manter por mais 1, 2, 3, ..., k períodos o defensor, com o custo (ou benefício) da alternativa de dispor do desafiante operando por período igual à sua vida econômica.

Exemplo: Admita-se que o equipamento cuja vida econômica foi determinada como sendo de seis anos, correspondendo ao custo anual equivalente mínimo de 26,28 u.m. (Figura 11.1) esteja em operação há dois anos e que esteja sendo considerada a substituição por equipamento não-similar que apresenta características conforme a Figura 11.3.

Ano	Valor do Bem	Custo de Operação e Manutenção	Fator de recuperação do Capital	Custo Equivalente de Capital (de Recuperação do Capital)	Fator de Valor Atual dos Custos de Operação e Manutenção	Custo Equivalente de Operação e Manutenção	Custo Total Equivalente
0	110,00	–.–	–.–	–.–	–.–	–.–	–.–
1	95,00	5,00	1,10000	26,00	0,90909	5,00	31,00
2	85,50	6,00	0,57819	22,67	1,90083	5,48	28,14
3	76,95	7,20	0,40211	20,98	2,98272	6,00	26,98
4	69,26	8,64	0,31547	19,78	4,16207	6,57	26,35
5	62,33	10,37	0,26380	18,81	5,45051	7,19	26,00
6	56,10	12,44	0,22961	17,99	6,85510	7,87	**25,86**
7	50,49	14,93	0,20541	17,27	8,38738	8,61	25,89
8	45,44	17,92	0,18744	16,65	10,05898	9,43	26,07
9	40,89	21,50	0,17364	16,09	11,08251	10,32	26,41
10	36,80	25,80	0,16275	15,59	13,87182	11,29	26,88

Figura 11.3 *Custos e vida econômica do desafiante não-similar.*

Essa tabela foi construída da mesma forma que aquela do exemplo referente à determinação da vida econômica. O desafiante apresenta custo de aquisição de 110 u.m. e se desvaloriza 15 u.m. no primeiro ano de uso, desvalorizando-se depois à taxa de 10% ao ano. Os custos de operação e manutenção somam 5 u.m. no primeiro ano e crescem 20% ao ano. A taxa mínima de atratividade fora estabelecida como 10% ao ano.

Observa-se imediatamente que o desafiante apresenta perfil de custo mais vantajoso, com vida econômica também igual a seis anos e custo anual equivalente mínimo igual a 25,86 u.m. Portanto, a comparação dos custos referentes às vidas econômicas indica que o defensor deverá ser substituído pelo desafiante. É necessário, então, determinar a época mais vantajosa.

Uma vez que o defensor está em operação há dois anos, a escolha da época mais vantajosa para substituí-lo pode ser realizada calculando-se os custos equivalentes das decisões de mantê-lo por mais um ano, por mais dois anos, por mais três anos, ou por mais quatro anos, quando atinge sua vida econômica.

Ano	Valor do Bem	Custo de Operação e Manutenção	Custo Equivalente de Capital	Fator de Valor Atual do Custo de Operação e Manutenção	Custo Equivalente de Operação e Manutenção	Custo Anual Equivalente (Total)
2	72,00	7,20	23,33	1,90083	6,57	29,90
3	64,80	8,64	20,63	2,98272	7,20	27,83
4	58,32	10,37	18,98	4,16297	7,88	26,86
5	52,49	12,44	17,78	5,45051	8,63	26,41
6	47,24	14,93	16,84	6,85510	9,44	26,28

Fonte: Figura 11.1

Figura 11.4 *Dados para determinação da época mais vantajosa para substituição.*

Para manter o equipamento por mais um ano, a empresa deve "comprá-lo" por 72,00 u.m. (deixar de vendê-lo por esse valor), despender 8,64 u.m. em custos de operação e manutenção e, então, vendê-lo por 64,80 u.m. ao final do terceiro ano. O custo anual equivalente pode ser facilmente determinado:

CAE = 72,00 (A/P; 10%, 1) + 8,64 (A/F; 10%; 1) – 64,80 (A/F; 10%; 1) =
= 23,04 u.m.

Como se observa, esse valor é inferior ao custo anual equivalente mínimo do desafiante, que é igual a 25,86, e, portanto, a substituição não deveria ser realizada imediatamente. Deve-se, então, calcular o custo anual equivalente e manter o defensor por dois anos:

CAE = 72,00 (A/P; 10%; 2) + [8,64 (F/P; 10%; 1) + 10,37] (A/F; 10%; 2)
– 58,32 (A/F; 10%; 2) = 23,18 u.m.

Esse custo ainda é inferior ao custo anual equivalente mínimo do desafiante, e, portanto, o defensor deverá ser mantido pelo menos por mais dois anos (a não ser que surja outro desafiante capaz de substituí-lo antes). O custo anual equivalente da decisão de manter o defensor por mais três anos é:

CAE = 72,00 (A/P; 10%; 3) + [8,64 (F/P; 10%; 2) + 10,37 (F/P; 10%; 1)
+ 12,44] (A/F; 10%; 3) – 52,49 (A/F; 10%; 3) = 23,46 u.m.

Comparando-se com 25,86, conclui-se que o desafiante não deverá substituir o defensor nos próximos três anos. O custo de manter o defensor por mais quatro anos é:

CAE = 72,00 (A/P; 10%; 4) + [8,64 (F/P; 10%; 3) + 10,37 (F/P; 10%; 2)
+ 12,44 (F/P; 10%; 1) + 14,93] (A/F; 10%; 4) – 47,24 (A/F; 10%; 4)
= 27,64 u.m.

Observa-se que 27,64 > 25,86 e, portanto, o defensor não deveria ser manti-do pelo sexto ano; deveria ser substituído pelo desafiante ao final do quinto ano de sua vida útil (é evidente que durante esse período de tempo deveria ser considerada a possibilidade de surgir outra substituição mais vantajosa).

Observe-se que, nesse exemplo, os equipamentos foram considerados equivalentes do ponto de vista das receitas, diferenciando-se apenas quanto aos custos. Se esse não fosse o caso, os diferenciais de receita também deveriam ser considerados, calculando-se o benefício (líquido) anual equivalente para cada um.

11.3 Reforma ou recondicionamento

Uma extensão muito útil da análise de substituição econômica de equipamentos refere-se à análise econômica de reformas ou recondicionamentos de máquinas e equipamentos em uso. Uma forma imediata para realizar essa análise é através do valor presente líquido dos custos e receitas decorrentes da reforma ou recondicionamento. Esse procedimento apresenta a vantagem de ser relativamente simples e a grande desvantagem de não permitir a comparação direta com as alternativas de substituição.

Por isso, sem descartar a análise baseada no valor presente líquido da reforma ou do recondicionamento, que pode constituir uma fase preliminar, é interessante considerar o equipamento reformado ou recondicionado como um desafiante, similar ou não, que estaria sendo adquirido (deixando de ser vendido) pelo valor de mercado na data de referência da análise. Dessa forma, pode-se incluir a alternativa de reforma ou recondicionamento entre as alternativas de substituição e realizar a análise da economicidade de manter certo ativo não apenas em comparação com as possibilidades de substituí-lo, mas também em comparação com a(s) possibilidade(s) de reformá-lo ou recondicioná-lo.

Exemplo: O gerente de produção gosta muito do equipamento que está em operação há dois anos e que agora poderá ser substituído por outro de marca diferente. O gerente não consegue quantificar as vantagens que garante existirem. Sabe-se que há muito tempo ele trabalha com equipamentos dessa marca e sempre elogia a confiabilidade e o bom relacionamento com a assistência técnica (equipamento a que se refere a Figura 11.1). O gerente de produção garante que se for adicionado certo implemento ao equipamento que está em uso, fazendo-se pequena adaptação, sua *performance* tornar-se-á muito superior à do equipamento cuja aquisição está sendo considerada. Os dados referentes a essa alternativa são:

a. custo do implemento 15 u.m. e da adaptação 5 u.m.;

b. redução de custos operacionais e de manutenção: 2 u.m. no nível atual, aumentando depois à mesma taxa de 20% ao ano;

c. não há alterações significativas do ponto de vista das receitas.

Ano	Valor de Mercado do Bem	Custo de Operação e Manutenção	Custo Equivalente de Capital	Fator de Valor Atual do Custo de Operação e Manutenção	Custo Anual Equivalente de Operação e Manutenção	Custo Equivalente Total
0	92,00					
1	82,80	6,64	18,40	0,90909	6,64	25,96
2	74,52	7,97	17,52	1,90083	7,27	25,62
3	67,07	9,56	16,73	2,98272	7,96	25,44
4	60,36	11,47	16,02	4,16297	8,72	**25,41**
5	54,33	13,77	15,37	5,45051	9,55	25,52
6	48,89	16,52	14,79	6,85510	10,45	25,78
7	44,00	19,83	14,26	8,38738	11,44	26,19
8'	39,60	23,79	13,78	10,05896	12,52	26,74
9	35,64	28,55	13,35	11,88251	13,70	27,45
10I	32,08	34,26	12,96	13,87182	14,99	28,31

Figura 11.5 *Cálculos para análise da alternativa de reforma ou recondicionamento.*

Como se observa, a alternativa de reforma ou recondicionamento, representada nesse caso pela aquisição de um implemento e pelas despesas de adaptação, mostra-se vantajosa quando comparada com as duas outras alternativas: manter o equipamento atual funcionando como está ou substituí-lo por um desafiante não-similar analisado anteriormente. Nesse caso, o equipamento reformado pode ser considerado um desafiante não-similar (uma vez que a estrutura de custos resulta modificada) e, em vista disso, o equipamento desafiante considerado anteriormente ficaria eliminado. A reforma do equipamento atual é o desafiante mais vantajoso, pois apresenta custo anual equivalente mínimo igual a 25,41 u.m. em sua vida econômica igual a quatro anos.

Agora, análise semelhante àquela já apresentada deveria ser desenvolvida para determinar a época mais vantajosa para a realização da reforma. A comparação dos custos anuais equivalentes das decisões de manter o equipamento atual funcionando como está por mais um, dois, três ou quatro anos indica que a reforma somente deveria ser realizada ao final de três anos, ou seja, ao final do quinto ano da vida útil do defensor. Portanto, por enquanto, o equipamento deveria ser mantido em funcionamento tal como está, para satisfação do gerente de produção. É bem provável, entretanto, que no horizonte de três anos surjam outros desafiantes e outras possibilidades de reforma ou recondicionamento.

O gerente de produção pode ter muitas razões de ordem pessoal para preferir o equipamento que está em operação, mas, como se observa, análise criteriosa das possibilidades de substituição pode subsidiar a decisão final, que obviamente levará em conta também fatores imponderáveis (não quantificáveis). Há, entretanto, muitos outros elementos quantificáveis que não entraram na análise desenvolvida até aqui. Se, por exemplo, o equipamento desafiante não-similar requerer treinamento do pessoal de produção, isso deverá ser levado em conta, somando-se aos custos de aquisição. Da mesma forma, se a instalação elétrica, hidráulica ou outra tiver de ser modificada para o funcionamento do desafiante, tais despesas deverão ser consideradas de forma análoga. Além disso, como já mencionado anteriormente, poderá haver diferenças relativas à capacidade de produção e de geração de receitas que deverão ser levadas em conta.

Um fator não considerado até o momento e que é desfavorável à alternativa de reforma ou recondicionamento é a incidência do Imposto de Renda. Para o cálculo do I.R., a depreciação é contabilizada como despesa, sendo abatida do lucro tributável, o que favorece a aquisição de equipamentos novos em comparação com a alternativa de reformar ou recondicionar os que já estão em uso, caso em que o montante depreciável é obviamente inferior (o valor de mercado do equipamento usado, pelo qual a empresa "compra" para reformar – compra de si mesma –, não pode ser depreciado para fins de I.R.).

11.4 Imposto de Renda

Até agora, todos os cálculos foram desenvolvidos sem levar em conta o Imposto de Renda. Entretanto, o I.R. influencia os resultados à medida que a depreciação contábil, prevista em lei, pode ser deduzida como despesa para cálculo do imposto devido. Então, se, por exemplo, um equipamento que custou 100 u.m. e que seria depreciado em dez anos sem valor residual, for substituído após seis anos de uso, perde-se a oportunidade de abater 10 u.m. do lucro nos quatro anos seguintes. Por outro lado, se esse mesmo equipamento for mantido em operação por 12 anos em vez de ser substituído ao final do décimo ano, perde-se a possibilidade de abater, no décimo primeiro e no décimo segundo, a depreciação do equipamento novo que não terá sido adquirido.

Como se sabe, a legislação brasileira recomenda o método linear para depreciação dos ativos fixos. Segundo esse método, a carga anual de depreciação é estabelecida como o valor de certo bem dividido pelo período total de depreciação, que é estabelecido em lei (edificações, 25 anos; equipamentos, 10; veículos, 5; móveis e utensílios, 10). Sabe-se também que o método linear desestimula a renovação de máquinas e equipamentos na velocidade necessária para que as empresas adquiram e mantenham o nível desejado de produtividade e de competitividade. Outros métodos que prevêem cargas maiores nos primeiros anos de utilização dos equipamentos e instalações já são admitidos em outros países.

Como ilustração, mostra-se a seguir como a decisão de reforma/recondicionamento analisada anteriormente pode ser afetada pela consideração do I.R. (diz-se *pode ser afetada* porque toda a análise é feita supondo-se que a empresa apresente lucro tributável suficiente no período sob análise, o que não é necessariamente o caso).

Exemplo: Considere-se a mencionada alternativa de aquisição de certo implemento e de pequena adaptação no equipamento que está em uso há dois anos, defendida pelo gerente de produção. Essa alternativa implica aumento de 2 u.m. na carga anual de depreciação (10% de 20 u.m.). Quando essas 2 u.m. são deduzidas do lucro tributável, deixa-se de pagar 0,7 u.m. de I.R. (35% de 2 u.m.) e, uma vez que essa redução de custo seria realizada anualmente, pode-se deduzi-la do custo de operação e manutenção.

A taxa mínima de atratividade – TMA a ser aplicada, agora, é a denominada depois do I.R., cujo valor se supõe igual a 6,5% (para maiores detalhes sobre a obtenção da TMA depois do I.R., ver Capítulo 6). Desenvolve-se, a seguir, a comparação entre as alternativas de manter o equipamento como está, contra a alternativa de efetuar a reforma.

Primeiramente, é necessário recalcular a Vida Econômica considerando-se benefício anual de 3,5 u.m. referente à depreciação (valor de 100 u.m. depreciado linearmente em 10 anos e alíquota do I.R. de 35%) (Ver Figura 11.6).

Ano	Valor do Bem	Custo de Operação e Manutenção	Fator de Recuperação Capital	Custo Equivalente de Capital*	Valor Atual dos Custos de Operação e Manutenção	Custo Anual Equivalente de Operação e Manutenção	Custo Anual Equivalente (Total)
0	100.00	–.–	–.–	–.–	–.–	–.–	–.–
1	80,00	2,50	1,06500	26,50	2,34742	2,50	29,00
2	72,00	3,70	0,549262	20,06	5,60956	3,08	23,14
3	64,80	5,14	0,377576	17,50	9,86470	3,72	21,23
4	58,32	6,87	0,291903	15,96	15,20491	4,44	20,40
5	52,49	8,94	0,240635	14,84	21,73004	5,23	**20,07**
6	47,24	11,43	0,206568	13,97	29,56340	6,11	20,08
7	42,52	14,42	0,182331	13,24	38,84275	7,08	20,33
8	38,26	18,00	0,164237	12,63	49,71890	8,17	20,79
9	34,44	22,30	0,150238	12,09	62,37086	9,37	21,46
10	30,99	27,46	0,139105	11,61	76,99949	10,71	22,32

* Denominado "Custo de Recuperação do Capital".

Figura 11.6 *Vida econômica do equipamento em uso (TMA igual a 6,5% depois do I.R.).*

Agora, é necessário refazer os cálculos para a alternativa de reforma, considerando-se que o equipamento está em uso há dois anos, que o custo total da reforma é 20 u.m., e que isso permite dedução de 0,7 u.m do lucro tributável (Ver Figura 11.7).

Ano	Valor de Mercado do Bem	Custo de Operação e Manutenção	Custo Equivalente de Capital	Valor Atual dos Custos de Operação e Manutenção	Custo Anual Equivalente de Operação e Manutenção	Custo Equiva-lente Total
0	92,00	–.–	–.–	–.–	–.–	–.–
1	82,80	2,44	15,18	2,291080	2,44	17,62
2	74,52	3,77	14,44	5,613171	3,08	**17,52**
3	67,07	5,36	13,77	10,05176	3,79	17,56
4	60,36	7,27	13,16	15,70595	4,58	17,74
5	54,33	9,57	12,60	22,68996	5,46	18,06
6	48,89	12,32	12,08	31,13494	6,43	18,51
7	44,00	15,63	11,61	41,19096	7,51	19,12
8	39,60	19,59	11,18	53,02924	8,71	19,89
9	35,64	27,85	10,78	68,83045	10,34	21,12
10	32,08	33,56	10,42	86,70921	12,06	22,48

Figura 11.7 *Custos e vida econômica da alternativa de reforma do equipamento em uso (TMA depois do I.R. igual a 6,5%).*

Observe-se que o benefício de 3,5 u.m. deixa de existir no nono e no décimo anos, que correspondem ao décimo primeiro e décimo segundo anos contados da aquisição do equipamento.

Essa análise também indica ser econômica a reforma do equipamento em uso; entretanto, falta ainda determinar a época em que a reforma deveria ser realizada. Isso é deixado como exercício.

Análise semelhante pode ser desenvolvida para considerar-se a substituição por desafiante não-similar. Uma observação importante nesse caso refere-se à receita da revenda do equipamento usado, que estará sujeita ao I.R., e à perda do benefício relativo ao valor ainda não depreciado do defensor. Quanto à primeira, basta apropriar como custo a incidência do Imposto sobre o valor de revenda. Quanto à segunda, tem-se de calcular o valor atual dos benefícios futuros decorrentes das cargas de depreciação que deixam de ser efetuadas.

11.5 Incerteza

Outra simplificação da análise até aqui desenvolvida refere-se à forma como os valores são apropriados. Todos os valores entraram na análise como se fossem certos e exatos, ou seja, como se se tivesse absoluta segurança a respeito de seus verdadeiros valores. É claro, entretanto, que muito raramente esse é o caso.

Quase sempre as informações sobre os custos dos equipamentos em uso são incompletas e raramente pode-se contar com informações completas e confiáveis sobre alternativas de aquisição de novos equipamentos e de reformas ou recondicionamentos nos equipamentos já disponíveis.

Isso torna necessário que a análise seja realizada, admitindo-se variações para mais ou para menos nos valores considerados, o que se denomina Análise de Sensibilidade. Dessa forma, para cada alternativa, pode-se combinar as variações que lhe seriam favoráveis, obtendo uma hipótese otimista, e as variações desfavoráveis, resultando em uma hipótese pessimista.

Esse procedimento já auxilia muito, porque permite avaliar se uma decisão seria mantida em qualquer hipótese, ou se tornar-se-ia viável em um cenário favorável etc.

De qualquer forma, observa-se que quase todas as empresas apresentam grandes deficiências relativas ao acompanhamento e ao controle dos custos dos equipamentos, máquinas e instalações. A medida que a cultura atual do *feeling* for substituída por informações efetivas, decisões mais bem embasadas tornar-se-ão possíveis.

11.6 Questões para revisão

1. A transportadora Transportajato Ltda. possui uma frota de caminhões especiais, importados, com quatro anos de uso. O gerente administrativo argumenta que a substituição desses caminhões, programada para os seis anos de uso, com cerca de 340 mil km rodados cada um, deverá ser antecipada porque a taxa de câmbio está atrasada, o que representa atualmente 17% de desconto no preço de importação. O gerente administrativo pode estar certo? Em caso afirmativo, explique essa possibilidade utilizando a fórmula do custo equivalente de capital e mostrando como o custo total equivalente é afetado pela redução do preço de aquisição.

2. Uma empresa especializada em aluguel de automóveis, a Rentaveicle S.A., tinha previsto para este ano a substituição de uma frota de automóveis Mercedes Benz que estão com oito anos de uso e que são normalmente revendidos com essa idade pela metade do preço do veículo novo. Entretanto, o mercado de automóveis usados, em particular de usados importados, encontra-se em baixa, com preços 20% abaixo daqueles que foram estimados como sendo

preços de revenda. Se esses preços se mantiverem nesse nível, pode se tornar interessante manter os Mercedes Benz por mais um ou dois anos. Explique.

3. O diretor de marketing defende a conveniência de substituir os caminhões a cada três anos, renovando toda a frota, para criar e manter uma imagem de empresa moderna e tecnologicamente avançada. Essa imagem favoreceria a empresa em face da concorrência, garantindo ganhos anuais adicionais de cerca de 600 mil dólares. A empresa espera retorno mínimo de 20% a.a. antes do I.R. e, atualmente, possui 200 caminhões em operação, cujos dados relevantes são apresentados no quadro seguinte:

Dados Referentes aos Caminhões em Operação				
Idade (anos)	Valor de Revenda	Custo de Manutenção		Horas Paradas*
		Peças	Mão-de-obra	
0	112.000	–.–	–.–	–.–
1	90.000	5.300	2.640	104
2	72.000	6.800	3.420	120
3	60.000	9.000	4.800	132
4	50.000	10.100	5.000	144
5	42.000	11.400	5.700	160
6	37.000	13.500	6.800	184
7	33.000	15.300	7.700	208
8	30.000	17.800	9.000	235
9	28.000	21.500	11.500	272

* O custo de uma hora de um caminhão é estimado em 62,40.

Subsidie a decisão calculando quanto custa substituir os caminhões antes de atingirem a vida econômica.

Método de solução: Calcular o Custo Anual Equivalente de Capital. Calcular o Valor Atual (Presente) dos custos de operação e manutenção referentes a cada ano. Acumular esses custos para obter o Valor Atual dos custos de operação e manutenção da decisão de manter um caminhão em operação por 1, 2, ... 9 anos. Calcular o Custo Anual Equivalente de Operação e Manutenção. Determinar os valores da Curva de Custo Anual Equivalente Total – CAE. Calcular a diferença entre o CAE referente à vida econômica, 50.782,31, que ocorre aos oito anos de uso, e aos três anos de uso, 54.286,00. Multiplicar por 200 e comparar.

4. No texto, mostra-se que a alternativa de reforma/recondicionamento é mais interessante do que a substituição por um desafiante não-similar, consideran-

do-se TMA antes do I.R. igual a 10%. Desenvolva a análise de substituição pelo desafiante não similar considerando TMA depois do I.R. igual a 6,5%. Determine a época econômica, se for o caso (lembre de considerar os efeitos sobre o I.R. tanto da revenda do defensor quanto das cargas de depreciação que deixam de ser efetuadas).

5. Sem dúvida, a decisão de baixa sem reposição é sensível à TMA, porque essa influi diretamente na estimativa do Valor Presente Líquido (comprove considerando outros valores de TMA no caso da empresa Plastitudo, no capítulo anterior). Entretanto, a decisão de baixa com reposição é muito pouco sensível a variações da TMA. Comprove e explique.

6. Atualmente, nossa empresa utiliza forno a lenha para produzir cal virgem. Essa é a técnica tradicional, representada por um forno tronco-cônico de pedra, que está em operação há 12 anos e que poderia ser mantido em funcionamento por mais 18. Seu custo de operação é elevado devido à grande perda de energia, o mesmo acontecendo com seu custo de manutenção, devido às freqüentes necessidades de trocar o revestimento interno. Algumas empresas concorrentes já substituíram seus fornos de lenha por fornos elétricos de aço. Admitindo que os dados apresentados a seguir sejam suficientemente exatos, explicite as bases quantitativas para a decisão, considerando TMA igual a 12% a.a. antes do I.R.

Item	Forno a lenha	Forno elétrico
Investimento inicial	24.000	135.000
Vida útil	30 anos	15 anos
Capacidade efetiva de produção (utilizada plenamente)	3,2 t/dia	12,4 t/dia
Custo anual de operação	15.800	35.600
Custo anual de manutenção (incluindo paradas, materiais e mão-de-obra)	9.500 crescentes a 5% ano	10.800 crescentes 8% ano
Valor residual	Desprezível	5.000

Resposta: Uma vez que a capacidade instalada é plenamente utilizada em qualquer caso, pode-se fazer a análise com base no custo de produção de uma tonelada por dia. O forno a lenha atingiu sua vida econômica aos 11 anos de utilização, com valor de CAE igual 9.831,34 (ano passado). O forno elétrico atinge sua vida econômica aos 7 anos de uso com CAE igual a 5.731,80. A substituição deve ser imediata.

Bibliografia

BARTON, H. et al. Does top management add value to investment decisions? *Long Range Planning*, v. 25, nº 5, p. 44-58. 1992.

BLANCHARD, Benjamin S.; FABRICKY, Wolter J. *Systems engineering and analysis*. New Jersey: Prentice Hall, 1981.

CASAROTTO FILHO, N.; KOPITTKE, B. H. *Análise de investimentos*. São Paulo: Atlas, 1994.

CASTOR, Belmiro Valverde Jobim. *Tamanho não é documento*: estratégias para a pequena e microempresa brasileira. Curitiba: EBEL, 2006.

CLEMENTE, Ademir. Estudo de mercado. In: *Projetos empresariais e públicos*. São Paulo: Atlas, 2002.

DeGARMO, E. P. et al. *Engineering economy*. New York: Macmillan, 1979.

EHRLICH, Pierre J. *Engenharia econômica*. São Paulo: Atlas, 1986.

FARO, Clóvis de. *Matemática financeira*. Rio de Janeiro: APEC, 1975.

FERNANDES, Elton; SCATOLIN, Fábio Dória; CLEMENTE, Ademir. Projetos estratégicos. In: *Projetos empresariais e públicos*. São Paulo: Atlas, 2002.

FLEISCHER, Gerald A. *Teoria da aplicação do capital*: um estudo das decisões de investimentos. São Paulo: Edusp, 1973.

FRANCIS, Jack Clark. *Investments*: analysis and management. New York: McGraw-Hill, 1986.

GHOSH, Dipankar; CRAIN, Terry L. Structure of uncertainty and decision making: an experimental investigation. *Decision Sciences*, v. 24, nº 4, p. 789-807, 1993.

GITMAN, Lawrence J. *Princípios de administração financeira*. São Paulo: Harbra, 1984.

GORDON, Geoffrey. *System simulation*. New Jersey: Prentice-Hall, 1978.

GUIMARÃES, Eduardo A. *Acumulação e crescimento da firma*. Rio de Janeiro: Ed. Guanabara, 1987.

HINES, Wiliam W.; MONTGOMERY, Douglas C. *Probability and statistics*. Toronto: John Wiley, 1972.

KEYNES, John Maynard. *The general theory of employment, interest and money*. Cambridge: University Press, 1977.

KREUZ, C. L. et al. Custos de produção, expectativas de retorno e de riscos do agronegócio uva na Região dos Campos de Palmas. *Revista Alcance*, Itajaí, v. 11(2), maio/ago. 2004.

MONTENEGRO, João Lopes de Albuquerque. *Engenharia Econômica*. Petrópolis: Vozes, 1983.

NEVES, Cesar das. *Análise de investimentos*: projetos industriais e engenharia econômica. Rio de Janeiro: Zahar, 1981.

OLIVEIRA, José Alberto Nascimento de. *Engenharia econômica*: uma abordagem às decisões de investimentos. São Paulo: McGraw-Hill do Brasil, 1982.

SAMANEZ, Carlos P. *Matemática financeira*: aplicações à análise de investimentos. São Paulo: Makron, 1994.

SANDRINI, Jackson Ciro. *Sistemas de amortização de empréstimos e a capitalização dos juros*: análise dos impactos financeiros e patrimoniais. 2007. Dissertação (Mestrado). – UFPR, Curitiba.

SECURATO, José Roberto. *Decisões financeiras em condições de risco*. São Paulo: Atlas, 1993.

SHAMBLIN, James E.; STEVEN Jr., G. T. *Pesquisa operacional*. São Paulo: Atlas, 1979.

SOUZA, Alceu. *Temporal analysis by activity networks*: a review and critique. Waterloo: UW, 1980.

_____; CLEMENTE, Ademir. *Gestão de custos*: aplicações operacionais e estratégicos. São Paulo: Atlas, 2007.

TAYLOR, George A. *Managerial and engineering economy*. New York: Van Nostrand, 1975.

VIEIRA SOBRINHO, José Dutra. *Matemática financeira*. São Paulo: Atlas, 1981.

Formato	17 x 24 cm
Tipologia	Charter 11/13
Papel	Offset Sun Paper 90 g/m² (miolo)
	Supremo 250 g/m² (capa)
Número de páginas	200
Impressão	Bartira Gráfica

Sim. Quero fazer parte do banco de dados seletivo da Editora Atlas para receber informações sobre lançamentos na(s) área(s) de meu interesse.

Nome: _____

_____ CPF: _____ Sexo: ○ Masc. ○ Fem.

Data de Nascimento: _____ Est. Civil: ○ Solteiro ○ Casado

End. Residencial: _____

Cidade: _____ CEP: _____

Tel. Res.: _____ Fax: _____ E-mail: _____

End. Comercial: _____

Cidade: _____ CEP: _____

Tel. Com.: _____ Fax: _____ E-mail: _____

De que forma tomou conhecimento deste livro?

□ Jornal   □ Revista   □ Internet   □ Rádio   □ TV   □ Mala Direta

□ Indicação de Professores   □ Outros: _____

Remeter correspondência para o endereço: ○ Residencial   ○ Comercial

Indique sua(s) área(s) de interesse:

○ Administração Geral / Management
○ Produção / Logística / Materiais
○ Recursos Humanos
○ Estratégia Empresarial
○ Marketing / Vendas / Propaganda
○ Qualidade
○ Teoria das Organizações
○ Turismo
○ Contabilidade
○ Finanças

○ Economia
○ Comércio Exterior
○ Matemática / Estatística / P. O.
○ Informática / T. I.
○ Educação
○ Línguas / Literatura
○ Sociologia / Psicologia / Antropologia
○ Comunicação Empresarial
○ Direito
○ Segurança do Trabalho

Comentários

_____
_____
_____

ISR-40-2373/83

U.P.A.C Bom Retiro

DR / São Paulo

CARTA - RESPOSTA
Não é necessário selar

O selo será pago por:

01216-999 - São Paulo - SP

ENDEREÇO:
REMETENTE: